AF212221

Asesinatos rituales

# Bohumil Hrabal

# Asesinatos rituales

## Poemas

Selección y traducción
de Monika Zgustova

Galaxia Gutenberg

La traducción de esta obra ha recibido una subvención
del Ministerio de Cultura de la República Checa.

Edición al cuidado de Jordi Doce

Publicado por:
Galaxia Gutenberg, S.L.
Av. Diagonal, 361, 2.º 1.ª
08037-Barcelona
info@galaxiagutenberg.com
www.galaxiagutenberg.com

Primera edición: enero de 2024

© Bohumil Hrabal Estate, Zúrich, Suiza, 1967/1991/1992/1994
© del prólogo y la traducción: Monika Zgustova, 2024
© de esta edición: Galaxia Gutenberg, S.L., 2024

Preimpresión: Maria Garcia
Diseño de colección: Albert Planas
Impresión y encuadernación: Romanyà-Valls
Pl. Verdaguer, 1 Capellades-Barcelona
Depósito legal: B 44-2024
ISBN: 978-84-19738-63-9

Cualquier forma de reproducción, distribución, comunicación pública
o transformación de esta obra sólo puede realizarse con la autorización
de sus titulares, aparte de las excepciones previstas por la ley. Diríjase
a CEDRO (Centro Español de Derechos Reprográficos) si necesita
fotocopiar o escanear fragmentos de esta obra
(www.conlicencia.com; 91 702 19 70 / 93 272 04 45)

# Belleza espeluznante y poblada soledad

LOS PRIMEROS VERSOS ESCRITOS EN LA FÁBRICA DE
CERVEZA

Hasta sus veinte años Bohumil Hrabal (1914-1997) no
escribió nada, aunque fue un atento observador de todo
lo que experimentaba y de lo que sucedía en su entorno.
El primer libro de poesía que cayó en sus manos fue *El
puerto sepultado* de Giuseppe Ungaretti, traducido al
checo; ese libro de poemas le enseñó el camino para des-
hacerse de las imágenes que almacenaba en su cabeza,
según decía. Un sábado entró a escondidas en el despa-
cho de la fábrica de cerveza de la pequeña ciudad de
Nymburk, donde durante la semana trabajaban los con-
tables y el padre de Bohumil, director de la empresa.
Enrolló una hoja de papel –el dorso de una factura de la
cervecería– en la máquina de escribir marca Underwood
y con horror contempló su superficie inmaculada. En la
calle llovía a cántaros y él quería expresar precisamente
eso. Así escribió su primera palabra: *Llueve*. Y con los
dedos detenidos en el aire esperó la asociación que esa
primera palabra le sugería: *Lágrimas*... escribió, y des-
pués... *brotan*... y al cabo de un instante puso *sobre los*

*párpados de las ventanas... y el humo inunda el pue-blo...* y su corazón latía y la sangre palpitaba en sus sienes y él escribía a golpecitos espaciados *con una ver-güenza azulada... se acerca el sueño...* Entonces leyó lo que acababa de escribir.

De esa manera pisó el fino hielo de la literatura; su fuerza motriz era la alegría al ver que las pequeñas fra-ses, una tras otra, iban goteando en la máquina desde su interior. Así escribía su «diario íntimo, la corresponden-cia amorosa, el monólogo dirigido a alguien combina-do con el monólogo interior». Escribía por placer, en un estado de euforia, de embriaguez de palabras, borracho sin haber bebido. Ese fue su aprendizaje. Primero escri-bió variaciones sobre Ungaretti, Apollinaire y Baudelai-re, que poco a poco fueron transformándose en un estilo propio. Entonces entraron en su vida *Nadja* de André Breton y los manifiestos surrealistas. Y cada fin de sema-na, en el despacho vacío, vertía palabras en la máquina y sus anotaciones sobre lo que había visto y lo que había comprendido del destino de alguien. Más adelante, se sentiría honrado y al mismo tiempo asustado por el he-cho de que su testimonio ocular se transformara en la crónica poética de los sufrimientos de la Segunda Gue-rra Mundial; y en esa cruda realidad, su lirismo juvenil fue desapareciendo para dar paso a un melancólico jue-go con las frases que gradualmente empezaron a dirigir-se hacia lo trascendente. Sus textos eran una confesión de sí mismo y al mismo tiempo una confesión de todo el mundo. Sentía la necesidad de apuntar lo que le conmovía y lo que le indignaba, de dar testimonio sobre algunos nudos de la realidad, «como si regara un diente dolorido con un chorro de agua helada».

## LOS BELLOS ANDAMIOS DE PRAGA

Acabada la guerra, un día se dio cuenta de que no podía seguir viviendo más tiempo tan cómodamente como hasta entonces, en la fábrica de cerveza de Nymburk. En aquel momento Praga se le apareció como una salvación. Cuando llegó a la capital, alquiló una habitación en la plaza de la Ciudad Vieja, en la Casa de la Campana. Más que los paseos románticos por la Praga gótica, barroca y modernista, lo que le hacía vibrar era entrar en contacto con las distintas fases del arte moderno y contemporáneo directamente allí, en la calle. Deambulaba por la Praga de finales de los cuarenta y comienzos de los cincuenta —el golpe de estado comunista se había producido en 1948—, se subía a los tranvías y los autobuses y todo lo que le venía al encuentro le parecía que estaba allí para salvarle, cada peatón era para él una piedra preciosa, cada montón de chatarra y de trastos viejos componía ante sus ojos el más bello *assemblage*. Caminaba por Praga y devoraba con la vista los numerosos andamios. En las callejuelas se daba cuenta de por qué los trastos viejos excitaban a Rimbaud, de por qué Lautréamont inventó la metáfora de lo que a su juicio representaba la belleza: el encuentro fortuito de una máquina de coser con un paraguas sobre la mesa de operaciones. En las calles de Praga pudo comprobar por qué Marcel Duchamp en su exposición de París colocó un botellero y a su lado una rueda de bicicleta, formando un conjunto que luego procedió a firmar; en las plazas de Praga entendió por qué Duchamp había mandado a su exposición de Nueva York un orinal cualquiera como una obra de arte; en las calles más animadas de Praga comprendió esa pintura confeccionada con basura, esos famosos cuadros compuestos de objetos tomados por azar en la calle. Erraba por Praga y le deslumbraban todos los *assemblages* y *collages* y montajes que habían ido a parar a las calles de la capital checa por dejadez y que podían considerarse como una muestra de azar objetivo, capaz de evocar un poema simultáneo.

Se fijaba en los aspectos multifacéticos de aquel desorden no sin estilo para intentar darle forma al llegar a casa, gracias a la corriente horizontal del hablar vivo, en fragmentos que expresaban el trueno de la calle, el ruido de las soledades y las leyendas antiguas, y el humor praguense y el misterio oriental de los destinos que descubría en el ajedrez y el tarot —destinos que a la vez eran humanos–, y la poesía de las estatuas de los santos, de esas líneas verticales y curvas que embellecen la ciudad. Así nacieron los embriones de los largos poemas escritos en verso libre y publicados en los años sesenta con los títulos «Amor y Psique», «Asesinatos rituales» y «Bambino di Praga», entre otros.

POETAS MALDITOS

Siempre se sintió cercano de los poetas malditos y los encontraba incluso en sus tabernas y cervecerías. En sus aventuras veía los reflejos de la vida de Verlaine, de Baudelaire. Era consciente de que su cielo intelectual se amalgamaba con el de los provenientes de los bajos fondos. Con Baudelaire se identificaba en varios aspectos; como él se fijaba en las personas frágiles: las prostitutas, las ancianas y los viejos. Si Baudelaire compartió buena parte de su vida con la mulata Jeanne Duval, Hrabal tuvo un tiempo una amiga gitana; Baudelaire vivía la banalidad del día a día con un sentimiento que llamó *spleen*, Hrabal experimentaba la monotonía diaria en forma de –según su expresión– depresiones endógenas y depresiones motivadas por la resaca. Al igual que Baudelaire, sentía una profunda compasión por los pobres de la calle. Los cuadros impresionistas le enseñaron a celebrar la banalidad de lo cotidiano.

Las artes plásticas desempeñaron un papel decisivo en la obra de Hrabal, al igual que el método paranoico-crítico daliniano. «El método paranoico-crítico me libera de mis dudas», reflexionaba el autor sobre sus poemas, adoptando una distancia crítica de la ya aceptada y explotada vanguardia, «porque el método paranoico-crítico utiliza el mundo exterior para dar validez a una idea». La experiencia del mundo externo le sirvió de prueba y de ilustración, convirtiéndose en «servidora de nuestro espíritu, de una constante objetivación de asociaciones lunáticas».

## ENCONTRAR LA PROPIA ESTÉTICA

Durante algo más de cuatro años (1949-1954), Hrabal trabajó en la ciudad industrial de Kladno, en los altos hornos de la gran fábrica siderúrgica Poldi; durante cuatro años recorrió mañana y tarde los cuarenta kilómetros que separan Praga de Kladno; durante cuatro años se movió en el ambiente de la fábrica de acero entre obreros, hombres rudos; durante cuatro años le rodearon el fuego y el estallido de las chispas, las formas fantásticas y siempre cambiantes que tomaban las llamas, los colores infernales, y se sentía como si habitara el corazón mismo de los cuadros de Hieronymus Bosch. Cuatro años; durante ese tiempo cambiaron no solo su literatura y su estética, sino incluso él mismo, como si se hubiera vertido en el horno, con la chatarra vieja e inservible, para convertirse en acero, «una especie de acero vulgar y corriente, de esos que se utilizan para construir puentes sobre un río». El doctor en Derecho, «profesor», según le llamaban sus amigos y compañeros, trabajó en la fábrica siderúrgica Poldi, y con él muchos antiguos profesores universitarios, gran cantidad de antiguos banqueros e industriales, científicos y directores de empresas que, en el nuevo régimen comunista, fueron destinados «como castigo» a trabajos forzados a las fábricas siderúrgicas, entre los obreros y los presos comunes. Ese encuentro de los valores más variados, de una diversidad de ambientes, de mentalidades, la pérdida de la escala de valores habitual, primero le impactó, después le fascinó y al final le deslumbró hasta tal punto que allí encontró su manera de escribir y sus temas. La niñez, la juventud y ese período de los años cincuenta representan la fuente más importante de inspiración de su obra.

En la fábrica de acero Poldi aprendió, pues, que solo a través de la comprensión del otro es posible comprenderse a uno mismo. La gente que trabajaba a su lado tenía los destinos más diversos, con frecuencia bastante duros. Hrabal los fue conociendo y paulatinamente se identificó con ellos, porque se dio cuenta de que entre las personas existen vasos comunicantes. Al terminar los cuatro años de trabajo en Kladno culminó también los ocho semestres de la verdadera universidad que lo había transformado.

## LAS FORMAS Y COLORES FANTÁSTICOS DE LA FÁBRICA SIDERÚRGICA

Durante cuatro años atravesó cada día la puerta sobre la que colgaba el gran escudo de la fábrica: un medallón con un bello perfil de mujer, «cuyos rizos había quemado una estrella brillante». Durante cuatro años observó cómo de los montones de chatarra, de objetos metálicos gastados e inútiles, por medio de procesos de trabajo exactos, se fabricaba en los hornos un acero noble que se vertía en los moldes de los lingotes para que el sello de la fábrica se imprimiera en ellos, ese medallón de una cabeza de mujer cuya melena quemó una estrella. Cuatro años contempló cómo sobre el montón de detrito se vertía una carga de escoria, cómo el cielo se teñía de color rosa, cómo en el horizonte, en la atmósfera matinal, se dibujaban las chimeneas de los hornos que se alzaban ante la pantalla de la ciudad, y de la del medio surgía una tierna llama azulada ribeteada de ámbar. Hrabal observaba cómo cambiaban no solo las expresiones de la época y las herramientas, sino también las personas, cómo en Poldi no se fabricaba solo acero sino también un puñado de destinos humanos, cómo tiraban al hombre proveniente de los tiempos antiguos al horno para que, una vez pasado por el fuego, se transformase en el hombre nuevo de una nueva era. Y esas personas forjadas nuevamente, antiguos empresarios y abogados y profesores universitarios, prisioneros y prisioneras –políticos y comunes–, junto con los antiguos trabajadores de la fábrica siderúrgica, se convirtieron en amigos de Hrabal. Acerca de ellos escribió varios poemas largos: «Bambino di Praga» y sobre todo «La bella Poldi».

En julio de 1952, Hrabal sufrió en los altos hornos un accidente grave: el gancho de una grúa le golpeó en la cabeza cuando no llevaba casco. Después de una larga recuperación regresó al trabajo. «Pero desde su distancia los periódicos describen grandilocuentes el mundo idílico de un obrero», dice en «La bella Poldi» sobre ese trabajo peligrosísimo.

## LA BELLEZA ESPELUZNANTE

La poesía representa la primera etapa de la obra del escritor; este libro ofrece una muestra de todas las facetas de su producción poética que se extendió de 1937 a 1952. Desde «La bella Poldi», más narrativo que los demás poemas, solo faltaba dar un paso para llegar a la prosa, y Hrabal lo dio al convertir el largo poema en una narración, «Jarmilka». Aunque a partir de entonces se dedicara casi únicamente a escribir prosa, sus cuentos y novelas nunca perdieron su carácter profundamente poético.

Al igual que su escritor preferido, Isaak Bábel, quedara fascinado al observar la belleza espeluznante de la guerra civil rusa, a Hrabal le impresionó la experiencia de los altos hornos, esas imágenes de horror y poesía no desprovistas de humor. Los lingotes candentes, los castillos de fuegos artificiales y las llamas, las grúas que transportaban el metal incandescente, rojo y rosado y anaranjado, de colores tiernos y cálidos como el cielo al amanecer, entre las cabezas y los cascos grises de los trabajadores, ese ambiente como de las pinturas del Bosco en el que era suficiente quedarse distraído un instante para que sucediera una desgracia irreparable, todo ese caos organizado de colores de selva exótica y los hombres que querían su trabajo y se sentían orgullosos de él, todo eso le enamoraba. Esta realidad que veía y experimentaba se convirtió en su nueva estética. Y siempre que tenía un rato, se sentaba ante su máquina de escribir y se ponía a retratar todo lo que llenaba su vida.

MONIKA ZGUSTOVA

# Asesinatos rituales

# Asesinatos rituales

Platón: El amor es el mediador entre el cielo y la tierra.
Yo: Fidelidad a la tierra.

## I

Y cuando ella sonreía
alguien siempre sostenía la brida
y retorcía el músculo de la mejilla
como el cuello de un caballo.

Pero cada arruga afectuosa
fue atada con un cable
y cuando me sonrió de nuevo
alguien pasó la mano por mi casco
y arrancó un puñado de pelos vivos.

Mi espíritu se incrustó para siempre
en las placas de circuitos
y las palas de las hélices.

Las aletas de mi nariz temblaron
como los agujeros de la clave en un contrabajo
y la lanza ensangrentada tanteaba
los órganos del gusto.

Después de todo eso, ¿os extraña
que se descubran cadáveres
en laderas desiertas?

Heno – Avena – Paja,
allí lo he visto.

¡Ten piedad, Señor,
ten piedad!


2


Cuando ella bailaba,
yo no paraba de gesticular,

cuando ella cantaba,
yo emitía gritos,

cuando disfrutaba del verdor,
rascaba hasta sangrar

el cuello de la alondra
¡y vamos, alondra, emprende el vuelo!

¡Y sin embargo no me hirió
con un cuchillo de cartón!

Solo se vengaba de mí
con un rugido de amor,
porque creía
que los espejos devuelven la imagen.

Yo, sin embargo, preparaba para ella
lámparas de gas
para que hablara con un sordo.

Cuando consultes sobre mí
no le preguntes a la pintora
ni a la profesora, ni a la periodista,
ni a la navegante, ni a la pequeña judía,
ni a los amigos.

Pregúntale a ella,
la que cose mi mortaja
de superlativos.

Pregúntale a ella,
que me asesina de amor,

y no te sorprendas
al descubrir torsos apuñalados
en una ladera desierta.

Heno – Avena – Paja,
allí los he visto.

Sabia cabeza de Oetker,
¡perdóname!

3

A mi madre
¡ya no le guuustas!
Trampa para ratas
atrapó mis dedos.

¿Y por qué? ¿Por qué?
¿Por qué? ¿Por qué? ¿Por qué?
Porque tú
¡le hiciste algo!
¿Pero qué? ¿Qué?
Si eres tan lista
¡ya lo saaabes!

Trampa para ratas
me atrapó el corazón.
¡Ay, ay, ay!

Lector,
¿aún te extraña
que haya colgados
en laderas desiertas?

Heno – Avena – Paja,
allí me vi.

¡Piedad!


4


Y la cara de ella
estaba adosada a la ventana,
y en el patio llovían
sus ojos asiáticos

y mi cara
fue iluminada por la alfalfa,
donde un toro pastaba
con gafas verdes.

El patio era de color lila,
la mujer era de color lila,
todo era de color lila.

Un pequeño motor
ponía en marcha
un vals brioso,
el vals del adiós.

Este panóptico
será mío
solo hasta que

mi soledad
se elimine con la llegada
de otras caras.

Heno – Avena – Paja,
el sueño lo resucitará todo.

¿Te extraña? No te extrañe.
Más amor, más asesinatos.
¡Horror!
¡¡Tú, enamorado!!

Solo después de que te asesinara
vi tu cara
salpicada de lágrimas frescas de sangre,
y tú eras mi amada,
más querida que todo
lo que jamás he amado.

Solo cuando te maté
creciste en mis ojos
y mi obsesión se rompió
en tus gafas.

Soy un mendigo
que no consigue NADA
y, aunque sea falso, pide ALGO
donde esconder
su UNIVERSO medio muerto
que se aguanta gracias a los alambres.

Mi amor de catorce quilates,
¡te quiero!
¡Tú, enamorada!

Mis párpados revolotean como mariposas nocturnas,
náuseas en el aire.
¿Por qué te dejé hablar?
La noche, falsa cerrajera, torció las cerraduras de las
    palabras.
¿Quién de nosotros sigue vivo?
Me despierto con un pensamiento, con la última sensa-
    ción que tuve
anoche, antes de quedarme dormida.
La conciencia comienza allí donde acabó ayer.
Veo todas tus acciones en un orden muy diferente.
Pero ¿por qué te dejé hablar?
La noche en que el falso cerrajero torció las cerraduras
    de las palabras.
Las más significativas son las más pequeñas.
El contacto más delicado hace vibrar una cuerda.
¿Qué está tocando? Los cabellos caídos por las aguas
y una ganzúa.
Somos muchos aquí y apenas dos vivos.
Hay silencio, el óxido roe la piel.
No quiero interferir en tu vida, vive para ser feliz,
decide por ti mismo. Lo tienes todo de mí.
Conoces la vida, conoces la vida, conoces la vida,
    ¿cómo de hecho
has vivido?

Vino un hombre y dijo
que se ha vuelto indiferente a todo, al amor, al dolor,
y que ya no sabía qué hacer y quería un consejo…
y no pude decirle más que aconsejarle que construyera
    un puente sobre sí mismo
y lo cruzara hasta llegar a la calle, caminara con todo el
    mundo; tú llevas lo tuyo, pero llevas todo lo que
    arrastran los demás.
Solo quería decirte que el camino a todo lo
que la vida ofrece circula a través del frío intenso.
Y tú ya sabes,
sabes lo horrible que me siento cada vez que hablamos
    de estas cosas.

## Esta ciudad está al cuidado
## colectivo de los vecinos

Águila.
*En la mano un corazón ardiente,*
*atravesado por una o dos flechas.*
*Augustinus.*


El duro invierno que algunos adivinarán, cuando flo-
    rezcan por segunda vez los castaños o las margaritas
una vez más en noviembre.
Pero yo, cuando cavo el jardín y no encuentro lom-
    brices,
creo en las lombrices de tierra.
¿No te parece que la situación es desesperada? Y, sin
    embargo, no hay motivo para lamentarse.


*Ojos, dos ojos en dos páginas de un libro.*
*Abadesa.*
*Ottilia.*

Por lo demás, también se golpeaba la cabeza contra la
persiana de la funeraria para pedir ayuda.
Se abusó de él durante las relaciones sexuales en la par-
te posterior del cuerpo. La deficiencia no fue discu-
tida por el designado porque este murió ahogado.


*Abad u obispo.*
*Por encima de él, una columna ardiente.*
*Ha sido mutilado por nutrias.*
*Cisnes.*
*Guthbertus.*


Dijo que era zahorí, pero que encontraría trabajo como
cestero. Así descubrió una profunda conexión causal.
Apuesto veinte peniques a que puedo subir tres sacos
de cemento hasta el cuarto piso. En el tercer piso,
dije, cárgame otro saco. Entonces subo al autobús y
tiro de la manivela… me desmayo.


*Tus ojos arrancados están en el cuenco o en el libro.*
*La patrona de los ojos.*
*Heridas en el cuello.*
*La espada.*
*Lucía.*

Y se persignó con un deseo: ¡Viva la paz!
A pesar de que la madre fue informada
        por la administración de la escuela
        de que su hijo hacía novillos.


*Tumbado en la cama.*
*Extinguir el fuego con una oración.*
*Germanus de París.*


Los padres provienen de una familia de clase obrera
por falta de fondos.
Esto elevó su óptica de manera extraordinaria.


*El patrón de los filósofos.*
*Un engranaje roto.*
*La corona.*
*Una espada.*
*Catalina de Alejandría.*


Y la manoseó por todo el cuerpo de manera inapro-
        piada.
En la plazuela de las Cabras, en la calle Haštalská, una
        casera

gorda con faldas almidonadas. A quien encontraba,

le soplaba hasta hincharlo.

Los ingenieros encendieron velas.

La gorda casera las apagó.

A una cocinera muy coqueta le encantaba planchar

sus delantales. Para la medianoche, ¡cling-clang-clong!

Tacones altos. Las faldas almidonadas crujían

como el granizo. La cocinera coqueta se escondió.

El fantasma de la mujer gorda agitó sus faldas con un frufrú

como el agua en las ruedas del molino. Liberada.

La casera gorda atormentaba a las criadas. Tenían que

planchar todo el tiempo. Se levantó de la tumba

como castigo. Estornudó como una brisa. Ahora el silencio.

Metí la mano en su regazo para buscar una perdiz que

había matado de un tiro.

*Sus dedos sobre su boca.*
*Johannes Silenciarius.*


Un rey puede esconderse ¡pero no consigue cubrirse
    ante un jaque mate!
No muestra una relación positiva con nuestro régimen,
        ya que tiene en su posesión privada unas 0,67
           hectáreas de huerto.
Prometió que si su esposa no le cabreaba
      no volvería a hacer algo parecido.
Ahora ha surgido otro tipo de crisis.
        Doble parálisis.


*Un hacha en la cabeza.*
*Josaphat.*


Me dice que tengo un corazón perfecto, una columna
    vertebral
        perfecta, buenas piernas,
        eso me dice el médico que nunca ha visto
        a un setentón como yo. Podría vivir hasta los
           noventa años.
        ¿No es tener mala suerte?

Todo en este mundo me fastidia, en la arboleda
    de las urnas
tengo pagada una unra, quiero decir una urna,
¿qué he hecho y a quién?, ¿por qué tengo que
    seguir aquí
como un fantasma durante tanto tiempo?


*Una espada entre los dientes.*
*Juvenalis.*


Le pregunté: «Señora, ¿juega a la lotería?». Y ella dijo,
    sí. Y yo dije: «Tóqueme la bragueta y tendrá
    suerte».


*El nudo de la horca en la mano.*
*Desiderio de Viena.*


No basta con detener un par de burros
        que llevan los miembros de la granja agrícola
        estatal.
        El verdadero burro lo condujo el testigo Šimáček.

*Con la sagrada cabeza cortada en la mano,*
*con ramas de palmera que brotan de su cuello.*
*Ursinius de Ravenna.*

Transportaba las fecalias de los aseos municipales.
   A veces caía
       en las heces, se miraba la palma de la mano y
          filosofaba:
       «La gente viene a cagar y yo sirvo para llevár-
          melo todo
       en cubos». Por eso bebía en las tabernas. En su
          casa,
       cargó los edredones en una carretilla y los sacó
          de la ciudad.
       Caminaba encima de las barandillas del puente.
          Subía a la torre.
       Golpeaba la hogaza de pan y le hablaba: «En-
          tonces, ¿vas a saltar
       o no?». A veces pateaba su bicicleta.
       Gritaba a las trabajadoras:
       «¿Para qué servís? Para la mierda».
       Ahora que es anciano se cabrea de otro modo.
          Borracho,
       se planta durante tres horas en la ventana
       junto a una fotografía de sí mismo como zapa-
          dor de los húsares

austrohúngaros. Señala sus medallas
para que los ciudadanos puedan ver y comparar
cómo de tan hermosos comienzos llegó a tal fin.


*Una porra de plomo.*
*Uno que habla sin lengua.*
*Eusebio de Roma.*


Lleva una vida decente porque está bajo la bota.
El tirador está muerto porque un peón suelto y malo
le amenaza. Entonces el caballo cuelga en el aire
y en la pasión del saqueo ha cavado su propia
tumba.
Conducía su moto, borracho, en el pueblo de Jinonice
y puso en peligro a los peatones
gritando: «Quítate de en medio o te atropellaré».


*Tres flores en la mano.*
*Obispo.*
*Cartujano,*
*Cisne.*
*Un ángel le protege del rayo.*
*Hugo.*

Esposa, si el buen Dios tuviera que llamar a alguno de
nosotros a la eternidad, sería mejor que te llamara a
ti. Como te lloraría yo, tú no me llorarías ni con la
décima parte de mis lágrimas.
¿Está llorando? ¡Que llore! ¡Meará menos!


*Una corona de espinas y un corazón ardiente en la
mano.*
*Una carmelita.*
*Cicatrices.*
*Hostias.*
*María Magdalena de Pazzis.*


Solo me dejó una colcha y algunas prendas de vestir,
ropa para el género femenino. Por lo demás, no
me legó nada sustancioso.
El movimiento está pensado gracias al poder de una
buena óptica.
Era por la noche y él me lamía los genitales
mientras estaba de pie, de rodillas.
Probablemente fue porque no podía
tener relaciones sexuales con normalidad.
Luego se fue a tomar una cerveza.

*Tumbado en la cárcel sobre cristales rotos.*
*El cáliz en su pecho.*
*Luciano de Beauvais.*


Algunos hombres, cuando orinan, adoptan una po-
sición
   como si se disculparan.


*Lector del breviario.*
*Cisne.*
*Iglesia.*
*Ludgerus.*


El abuelo contaba cariñosamente a sus nietos unos
cuentos de hadas
      hasta que le dio un ataque de gota. Luego pegó
      a sus nietos.
      Entonces volvió a ser cariñoso. En el pueblo le
      llaman «Abuelo pérfido».
      Su boca suele estar llena de cuentos de hadas,
      sus manos, de bofetadas;
      El abuelo trae un montón de caramelos que
      siempre reparte
   después de haber pegado a los niños.

*El barco con su cadáver flota río abajo.*
*Expulsar al diablo.*
*Melanius de Rennes.*


¿Quién insiste que el árbol checo es un tilo? Bass lo dijo
    mejor.
        ¡Es un sauce! Cuanto más se corta, más crece.
            Además,
        los sauces fortalecen los ahorros.
«Doctor, siempre estoy triste», dijo el paciente Soltys,
        que no paraba de reírse. Se reía todo el tiempo y
            se daba golpes
        en los muslos:
        «De verdad, siempre estoy triste», se rió.
        Soltys.
La casa Alexandr en la calle Plavecká. En el cemente-
        rio. Sin cabeza,
        el hombre va a buscar su cabeza. A la mujer le
            duelen los dientes.
        En su camisa un hombre se está metiendo con
            ella. La cabeza
        no aparecía por ningún lado, el cuello estaba
        cortado. Los dientes dejaron de doler. El desca-
            bezado
        tenía manía a las mujeres.

# La bella Poldi

¡Entrañas de un toro gigante!
¡Movimientos de animales extinguidos hace tiempo!
Como heces,
docenas de ciudadanos reducidos a nada…

¡Entrañas de un pájaro!
¡Oh, gritos de amor, la vida viva!
Como para divertirse
una docena de ciudadanos baila detrás de la valla…

Con desinterés los mira el pelele desde la torre,
con desinterés el hombrecillo va matándose en la fun-
    dición,
como si mil agujas brillantes

mantuvieran el apetito de la víctima
y de pronto lo apuñalan donde sea.
¡Piedad, Muerte! Me pongo de rodillas.

/.../

A menudo he visto una gran estrella
y pensé que era el Lucero Vespertino.
Sin embargo,
era la lengua de una lámpara de acetileno,
el Universo azul y melancólico,
que enrojece con el hierro.
A menudo he abierto la ventana y sí,
un hombre estaba allí sujetando el Lucero del Alba con
    sus dedos;
la bomba de acetileno engendró árboles de Navidad
con oxígeno
y la gente desesperada levantaba
la esperanza del barro
para enviarla al teatro celestial.
Curiosamente, ejemplarmente, civilmente,
la vida se sigue inventando
y amando,
aunque el cerebro de papel de plata
engendre imágenes distorsionadas
y el pecho aplastado escupa miseria.
Sigue siendo bueno
cuando un hombre deja la comida y el ábaco
y sale a buscar una estrella brillante

cuyos rizos pelirrojos le queman la cara,
y el poeta tiene la ilusión
de que la poesía es la sangrienta creadora del mundo
¿y el Arte?
El Arte de extraer de un metro cuadrado
el mundo entero.

/.../

Así que la bella Poldi también es un grito
que hace trizas los carteles y los eslóganes
por tres coronas cincuenta cien gramos.
Y uno vuelve a la tubería del corazón
y examina la factura, lo que se paga
y por qué se ha pagado tanto,
porque quien pone sus dedos en una obra fructífera
se salva para siempre,
porque la vida es desgracia y amor
y fidelidad a la belleza resplandeciente
al precio de la propia vida,
todo
gratis.
Pero desde su distancia los periódicos describen gran-
    dilocuentes
el mundo idílico de un obrero
mientras que él,
ceniciento, surge de las cenizas,

escupe alquitrán y cae sobre la cama;
el acero sediento se desliza a través de su ojo
y la imagen de su esposa desaparece,
los niños le confían a la oscuridad con terror
que el pequeño cuerpo de papá intentó
alejarse bailando con pasos ridículos.
El novio yace bajo la manta
y en el lecho nupcial
le pusieron a escondidas
una vieja calva y desdentada.
Pero así es la vida y la máquina debe funcionar,
el progreso se alimenta de jóvenes asados
y la ambulancia de plata está en apuros,
el brazo aplastado tan ansioso de volver
a la forma que antes tenía,
tantos contenidos perdidos aman las formas
y viceversa,
pero la fábrica siderúrgica sabe lo que exigen los
    tiempos,
por lo que pone sus esfuerzos en marcha.
El médico con bata blanca se lava las manos
y pregunta: ¿Es usted creyente, señora?
Espero que sí.
Vaya a decir sus oraciones, échese un cara y cruz,
pues la ciencia ha llegado al límite de su capacidad.
Y se lava las manos sin mirar.
¿Por qué iba a alterarse?

Ya sabe que ahora mismo, o dentro de una hora,
dos días, semanas, meses a más tardar,
la trampa se cierra y la ambulancia recoge a su presa,
siempre algún becario cándido
agarra mal el alambre en llamas con sus alicates,
vierte mal el acero sediento
y diez metros de hermosa curva roja
salen volando en el aire negro;
y cuando la soga llega al cuello,
obliga al becario
a dar un espectáculo de danza,
una variación de la escultura del Laocoonte,
ante sus compañeros de trabajo.
Ober die Grenze der Malerei,
por encima del límite de la pintura,
donde el máximo dolor creativo
busca el mínimo punto de acceso
y el metal candente
cuando no quema la barbilla
fríe el pómulo,
cuando no quema la articulación del hombro
carboniza los dedos.
Al final la cabeza se hunde y los labios se calcinan
en una Eternidad que apesta a beso
y a clavícula carbonizada;
el alma abre la cámara de tortura
y la bella Poldi engorda.

Los becarios alarmados
entonces lo apuestan todo por la vida.
¡Jajaja!

/.../

Pero la bella Poldi es también un camino
a lo largo del lago negro;
la bomba de la mina inyecta el arroyo
como una noche de diciembre;
una gitana en una piedra lava sus trapos
y una estufa oxidada y una bicicleta surgen del fondo.
Aquí es donde caminamos con el peletero
hacia El Caballo Negro
donde tocar el piano y beber ron.
*El Capital* yace olvidado debajo de la cama,
¿quién pensaría en leer
cuando bebes veinte jarras de cerveza durante un turno
y no orinas ni media jarra
y cobras once con ochenta por hora en el horno
el primer mes?
Hay un puesto de tiro junto a los columpios;
con el resto del dinero que había en casa
disparando gané unas rosas de papel;
me quedaba un billete de veinte para el último ron
antes de regresar por la orilla del estanque,
tropezando con cajas envueltas

y cuerpos de chicas violadas, estranguladas.
Las reclusas ya están en casa,
cae el crepúsculo y pronto se bañarán;
su campo está al lado de nosotros,
toda una prisión
envuelta en alambre de espino;
a menudo observo lo limpia que está,
mientras que los hombres libres somos unos cerdos.
Una de las reclusas es muy hermosa;
tiró a su madre a un pozo
y, cuando la anciana se arrastraba hacia la luz,
su hija le rompió el cráneo con un hacha
y también sus dedos que se agarraban al margen.
Dos becarios intentaron subir la valla,
pero los atraparon y les cayeron dos años;
en el almacén de rodillos le entregué una flor a la chica,
porque el asesinato y la condena
la habrán limpiado y purificado.

/…/

Me acerco al horno electrolítico.
A través del azul cuadrado de cristal
la colada burbujea, tempestuosa.
Magnífico trabajo de gente magnífica,
el espacio del horno Martin truena
como una orquesta sinfónica…

Bellas noches de arándanos
me llenan el hígado de albas
y la tobera de mi corazón
me inyecta una mezcla sangrienta.
El sol se alza de la mina
de las tinieblas
y el trigo tierno se ondula
como una falda de tela de saco...
En la entrada del campo de las mujeres
un verderón canta en una jaula;
le arrancaron los ojos
para que perfeccionara el canto.
La dulzura inunda mi pecho
y huele a esmalte de uñas,
a envoltorio de chocolate,
a estuche de pistola de matadero.
Pienso en las boquillas de los cigarrillos,
en las bombillas enanas,
pantallas de las tumbas,
una calandra de dorar,
en las espinas de los peregrinos
y en el organdí.
Y el lirio de los valles
mana de mis ojos.
Bella Poldi, imprenta de cobre,
cabecita con perfume de medallón
y de pelo que las estrellas chamuscan,

te adorno con todo lo más hermoso
que jamás haya visto,
cuando caen del cielo jarrones de esmalte,
cuando la luna loca se mira
en los reflejos de tus reflejos.
Incluso ahora
el aire está embadurnado de ti…
Jamás me siento tan fuerte
como cuando en ti pienso,
Poldi mía.
Como si contigo derribara
un universo de diamante.

/…/

Esa luminosa mañana,
cuando los viejos gorgotean más fuerte
y las ancianas respiran contra sus palmas
para asegurarse por el olor de que todavía existen,
esa adorable mañana de primavera
cuando las primeras lilas padecen vómitos de sangre,
esa mañana de huevos,
cuando las farolas de gas baten sus claras para hacer
      luz,
esa mañana iré con mis amigos a que me entierren.
Primero compraré un pequeño ataúd blanco
con papel blanco crepe,

donde en una pequeña manta blanca de crepe
yacerá mi sonrisa blanca desde el más allá,
una sonrisa cubierta del serrín de las flores
y me llevaré a mí mismo en brazos
y mis amigos me seguirán en procesión
con las lunas plateadas de las palas,
y subiremos por encima de la bella Poldi
y con un pico de níquel desbloquearemos la tierra
y en una correa lila descenderá
mi beso hosco de la eternidad,
mi miedo viviente,
que es todo lo que tengo, todo lo que espero,
todo lo que significo y en lo que creo,
porque si no tuviera miedo
ahora mismo vestiría mis mejores galas,
prepararía un festín en todas las mesas,
envolvería mi cabeza en sábanas
y, sonriendo,
me volaría los sesos.
Pero tengo miedo,
eso es, estoy asustado,
porque me enamora
la vida.

## Centro de ocio

Cuando por la mañana salgo del turno de noche
y al de la mañana desde la noche los acereros se arras-
    tran,
cuando me rodean esas caras de tristeza,
busco en el cielo la brillante estrella matutina

y en ella lavo mis manos desgarradas
y mi cara magullada por las cenizas,
sin poder entender el propósito
de haber hecho cañones con mis manos

que nunca quisieron más, nunca pensaron en otra cosa
que ser felices y desear la misma suerte a los demás.
Hoy todo parece inútil.

Engañar de nuevo a la humanidad solo con otro disco
y dar al mundo más horcas y hogueras.
Hoy estoy harto de todo esto.

# Frente a «La rosa negra»

Como aturdido por un trueno de verano,
como si cayera en un sueño en el diván,
tantas veces te miro en el armario luminoso
mientras vendes juguetes en la Casa de los Niños

como antes en la tienda Zinner,
cuando con tu tacón mi corazón pisoteaste,
que ahora, cuando te miro, ahí sigue, hecho trizas,
y es atraído de nuevo a ti y a la velada amorosa

que lanzó al aire la tortuga de plata,
y el río brillaba como la manga de Frans Hals
mientras mi mano buscaba la tuya.

Lo que el amor piensa, sobre ello solemos soñar,
y el éter distribuye los sueños en los corazones.
Hermosa judía, ¿adónde vas esta noche?

# Cementerio judío

Por eso el bello juego tenía forma fluida.
Tú solo amabas mi ausencia,
estabas en flor y yo era noviembre.

Pero allí, en un banco bajo Letná
me permitiste cerrar tu boca
con llave. Eras estrecha de cintura

y doliente como una rosa que tiembla con la palabra,
con la que adorné mi amor por ti.
Hoy camino entre las tumbas desconchadas
y enciendo velas a la memoria,

caliento mis manos sobre la máscara mortuoria
del amor que, aunque no lo llaman, regresa.
Tu rostro no se ha desvanecido, amor.
Eres una luna inconstante, una copa inacabada.

# Plaza mariana

Te alejabas por la galería silenciosa
como una estatua en la que Dios insuflara vida.
Y Théodore Rousseau, a quien tanto amabas,
pintó un círculo sobre mi humildad.

Los estandartes ondeaban monótonos en el barco
y las banderas verdes me cubrían los ojos
cuando me arrodillé ante ti en la galería

y te pedí que solo por un momento
tus ojos de berilo brillaran para mí.
Pero mi anhelo ardía en vano.

Te alejabas por la galería silenciosa,
tu sombra cruel avanzaba sin cesar,
solo el Aduanero, al que tanto amabas,
me ofrecía sus tristes ojos de niño.

## 20.30 h

Un candado en la boca y un buen kitsch en la cara,
la sombra suele decorar paredes de pequeñas ciudades;
mi máquina de escribir, mi duende y yo aquí nos reco-
     bramos
y consigo mismo habla mi deseo,

sobre quién soy y si no soy un invitado
que rompió su imagen y se tragó la llave.
Un invitado que ha visto la risa y huye y se aleja,
y tras él se hunde la ciudad y el puente se rompe.

Solo por el monstruoso sueño acudo aquí,
por una cuestión en la que ya no hay mundo ni yo,
donde solo una máquina dibuja en el pavimento

y la columna de la peste dibuja un carrusel...
No te sorprendas, amor, si me voy. Sé por qué
la llave del manicomio cuelga de la repisa de Kladno.

# Cabeza sin estrella

Y si tus manos fueran de tungsteno,
tu pelo de manganeso, tus ojos de molibdeno,
aun así se despojaría del sueño matutino
alguien que buscó una mujer en ti.

Y si tus labios fueran de vanadio,
tus pies de cadmio, tus pechos de ferroaleación,
ya no te pediría: Dame, querida,
un trago de escoria, que estoy sediento de amor.

Y si tus jugos fueran fluidos de platino
y supieras vomitar mercurio,
ni así quisiera de tus labios

beber silicio ardiente ni sentimientos hirvientes
que con pinzas agujerearon mi corazón.
Uñas cromadas, ¿por qué tembláis tanto?

## Consigue salud y belleza
## con los cosméticos Elida

Seamos, pues, valientes y llenos de sueños
cuando la muerte y la frialdad llegan de todas partes,
como el propio cerebro que, hecho pedazos,
hacia todos lados derrocha tantas contradicciones

que no hay donde agarrarse, y ya no quedan estrellas,
no hay amor ni luna roja en el crepúsculo.
Ni palabras de amor ni el crujir de la arena en los ca-
    minos.
Solo comer, dormir, fornicar, trabajar. Y bostezar:

qué hacer hasta la hora de acostarse,
solo un vistazo fugaz en el espejo, como un asesino
que mira el cadáver entre las sábanas.

Y el poeta al que se le asignó la tarea de vigilar la vida
y observar enamorado, sonríe idiota en la puerta
amorrado a la botella. ¿Es medianoche o mediodía?

# [Solía pensar]

Solía pensar
que en el amanecer de la primavera
los pájaros saludan con su canto la llegada
del sol y de la luz.
Hoy sé que en esos pocos minutos de la mañana
gritan aterrorizados por la claridad.

# Sueños

Soñar con pepinos, amor tempestuoso.
Soñar con un mono, enfermedad grave,
pero también suerte en el amor.
Soñar con serraduras, cometer impudicias.

*La clave de los sueños*,
libro medieval anónimo

### SUEÑO DEL 8 DE FEBRERO DE 1944

La familia está en el comedor. Estamos mi madre, mi padre y yo. Debajo de la ventana hay un perro que aúlla. Varias habitaciones, que forman un círculo, rodean el comedor. A cada una de las habitaciones se accede por una puerta. Alguien camina en algún lugar y sus zapatos chirrían. Mi padre se levanta y escucha delante de cada puerta. De repente, abre una de ellas y se lleva las manos hacia la corbata. Nos levantamos, asustados al ver la expresión de su cara. Despacio, nos acercamos allí. A nuestros pies hay un niño asesinado. A través del corte que le abre la espalda se ve el rojo vivo de sus pulmones.

Mi padre cierra la puerta y volvemos a sentarnos.

Estamos preocupados. Los pasos se oyen en todas las habitaciones al mismo tiempo. Mi padre se levanta, se dirige a la misma puerta de antes y la abre despacio. Los pasos se detienen. De un salto me pongo a su lado y reviento la puerta de una patada. En la penumbra veo una figura. Me escondo detrás de la pared y mi padre penetra en el espacio negro. Un tiro de revólver y mi padre cae al suelo, dando vueltas en el aire como una peonza.

Todo desaparece y yo voy en bicicleta por un camino del bosque cerca de Blansko. Me topo con un grupo de ciclistas alegres y prosigo mi viaje con ellos. Todos los ciclistas ríen y recogen moras que crecen junto al camino. No soporto el color rojo y abandono el grupo. Me detengo porque me doy cuenta de que se me ha reventado un neumático; por él asoma un trozo de la cámara de aire, roja. Parece el pulmón del niño. Ato el neumático con un pañuelo y corro al pueblo para que me lo arreglen. En un taller trabajan muchos hombres. Del techo cuelgan cámaras de aire, sobre unos palos negros. Tengo la impresión de encontrarme en el matadero donde están suspendidas decenas de tripas y pulmones. Quiero marcharme. Abro la puerta. Salgo y estoy a oscuras. Con el zapato topo con otros objetos. Aunque no veo nada, sé con seguridad que se trata de un niño atravesado por un puñal. Enciendo la luz y pongo al niño de espaldas. Vienen los hombres del taller y colocan el pulmón del niño en su sitio y cierran la herida con cola. El niño se incorpora y con un aro se va corriendo al campo.

## SUEÑO DEL 10 DE FEBRERO DE 1944

Estoy sentado en mi banco escolar, en un prado. Un amigo y yo nos peleamos para coger un cuchillo. Mi mano resbala y con toda la fuerza hundo el cuchillo en el muslo de mi amigo. La sangre mana de la herida. No la puedo detener. Intento taponar la herida con un dedo, pero la sangre puede más que yo. Mi amigo ya tiene las botas llenas de sangre. Con gran esfuerzo se las desata y vacía la sangre. Si no viene alguien a auxiliarle, se desangrará.

Tomo a mi amigo del brazo. Es ligero como una pluma. Me lo cargo a la espalda y lo arrastro. Cada vez resulta más ligero. Siento los latidos de su corazón, que van desapareciendo. Me desprendo de él. Está muerto. Mi primer pensamiento es: ¿dónde esconderlo? Me preocupa el hecho de que ese amigo solía ejercer determinadas labores en un despacho. Si el trabajo no se hace, le buscarán. De modo que guardo el cadáver en una caja de hojalata, donde quedan unas tostadas.

Bajo a la bodega por una escalera de caracol. Siento el perfume dulce de los jacintos. De repente recuerdo la caja donde he guardado a mi amigo muerto. La saco de un rincón y la envuelvo con un alambre. Pesa mucho.

Quiero llevarla al bosque. La cojo y la coloco sobre el alféizar de la ventana de la bodega, encima de las ollas. Subo la escalera y me sorprende una cocinera sonriente, de pie en el primer escalón. Su mirada me asusta; sonríe como si lo supiera todo. Sonríe y me pregunta: ¿Cuánto tiempo hace que la caja está encima de las ollas? Contesto indirectamente: No lo sé, supongo que mucho. Y la cocinera no deja de reírse y me dice que acaba de dejar allí las ollas hace una hora. Estoy aterrorizado. Todo se descubrirá. Vuelvo a bajar a la bodega, abro la caja, desgarro a mi amigo en pedazos y me los como, uno tras otro. Aparto los huesos colocándolos sobre el alféizar de la ventana, los ato con alambre y los tiro al cementerio.

### SUEÑO DEL 24 DE FEBRERO DE 1944

Me encuentro ante un espejo. Me observo y me peino. Se me cae el pelo. En un minuto me quedo calvo. Intento peinar el pelo que me queda de tal modo que me tape la calva. Pero no hay manera y me desespero. Me envuelvo la cabeza con un trapo almidonado y me pongo una peluca de pelo canoso. Me voy y observo a un joven, sentado en un banco, que se está limpiando los zapatos y a quien el sexo le sale por el bolsillo. Lo tomo y lo escondo en mi bolsillo sin que se dé cuenta. Vuelvo al bosque, una desconocida yace en los matorrales llenos de

espinas y encima de ella hay un montoncito de nieve.
Con los ojos me promete amor físico. Me acerco a ella y
le digo que tengo una sorpresa en el bolsillo. En ese mo-
mento pasa alguien. Finjo estar leyendo un periódico.
Cuando el hombre de la capa desaparece, me tumbo en
los matorrales espinosos junto a la chica, otra vez pasa
alguien. Vuelvo a fingir que leo. Eso se repite varias
veces. Comienzo a tener la sensación de que el acto amo-
roso terminará en oprobio. Aparece la figura de Tolstói.
Huyo avergonzado y a lo lejos contemplo a la descono-
cida que, voluptuosa, yace sobre las espinas del matorral
mientras los copos de nieve caen sobre ella.

# Poemas en prosa

### CREACIÓN

Las corrientes de aire hacen sonar el piano eléctrico e invisible y las uñas practican escalas en las hojas de una rama de cerezo junto al río. Es maravilloso tocar las teclas y ver que las claves saltan y bajan solas. Tengo un piano eléctrico en el jardín y en vez de una moneda le arrojo la luna llena. Hojas, ramas, ramitas bailan mientras el viento canta y no sé si en el jardín las corrientes de aire hacen sonar el piano o si es una aspiradora la que aspira hojas del otro lado. Es maravilloso. Solía pensar que se podía agitar el cerezo y el piano empezaría a cantar, que se podía escribir y un poema sin brisa quedaría listo. Hoy alguien puso una invitación en mi escritorio y el piano eléctrico empezó a sonar. Es maravilloso tocar las teclas y ver que las claves saltan y bajan solas.

### METAMORFOSIS

Alguien llamó a Janina, señaló a la señorita Elvira, para sentarse al pianino y al piano de luz. Las sombras se amontonan en la pantomima, ¿quién se deja caer en un montón de tréboles? Elvira piensa en Janina, a la que se han llevado los ángeles. La chica rubia desaparece, la morena se ejercita en la digitación y las mejillas azules de los serafines abandonan el viñedo estrellado.

Alguien llamó a Janina, señaló a la señorita Elvira, para sentarse al pianino y al piano de luz.

### [TAL VEZ, SEÑOR…]

Tal vez, Señor, me has hecho toda de jabón, por lo que sigo menguando, por lo que mi corazón de escamas de jabón se derrite cuando tú respiras sobre ellas… Globos rojos, verdes, blancos y azules salen de mi boca, burbuja a burbuja. Más ligera que un globo blanco floto hacia el cielo y me fusiono con el azul del cielo.

### [¿DE QUIÉN ERA LA CARA…?]

¿De quién era la cara que se ocultó en el pañuelo? ¿Cuándo se desinflamaron los párpados hinchados? ¿Quién se queda sólo con el recuerdo de un amor que estuvo a punto de morir? ¿Quién lo roció con polvo de arsénico? ¿Quién se convirtió en un ángel? ¿Quién perdió ayer en la acera los alfileres clavados en su cuerpo?

¿Quién es tan feliz hoy como el joker de las cartas? ¿Cuál es el nombre de Adela? ¿Quién sonríe suavemente en un pañuelo al pensar en un recuerdo que ha surgido en la memoria?

## [ES DURO ESTAR…]

Es duro estar en la encrucijada, a la derecha un camino, a la izquierda otro; si hubiera aquí profetas con el pelo blanco en la frente, me mostrarían el camino y yo andaría con toda confianza, y llevaría la hebilla polvorienta hasta tu puerta. Entonces amenazaría con el puño a ese par de ancianos silenciosos que se bañan en la encrucijada, hasta la cintura en lilas azules.

## [TÚ SOSTIENES…]

Tú sostienes una jarra azul llena de luna-leche y yo te toco con la mejilla, el reloj suena y las manecillas se encuentran. Es tan lógico que después hayamos hecho el amor, es tan natural, que oculté el despertador suizo para que pudieras pasar una semana sin un beso. Esta noche de mayo fue tan clara como un collar, un collar alrededor del cuello de la luna, esta noche fue tan precisa como un reloj en la torre que solo se retrasa para que sus manecillas se separen sin piedad y de nuevo, después de un tiempo, se encuentren, como nuestras manos ahora, mientras la luna llena rezuma de la jarra azul como un ojo líquido.

### [LA PISTA ESCONDIÓ…]

La pista escondió la pelota a su espalda. Dos muchachas la buscaron hasta entrar en el jardín encantado donde vivía Salvador Dalí, y los árboles roídos y sin corteza bailaban un vals con sus prótesis, donde Mercurio desnudo hacía el amor con Santa Teresa, encerrada en su vestido hasta el cuello, donde una chimenea en ruinas celebraba su renacimiento con el humo que daba nueva vida a las nubes, las muchachas, alimentadas por esta belleza, se despojaron de sus camisas para bailar mejor la rueda del molino y llevaron las manecillas del reloj mil años atrás y de nuevo al jardín donde la pequeña pelota blanca perdida escribió un hermoso folleto sobre el famoso jardín de Príapo, del que no existe mención en la historia, el jardín donde habitan unas estatuas de piedra rotas, donde la pelota blanca quedó atrapada en las ramitas del tejo y ardió en una sola llama. Una lección de bella caligrafía dejó su hermosa huella en las muchachas.

## [LLEGA LA TARDE…]

Llega la tarde y la mecha del quinqué se tensa lentamente, la boca no puede expresar lo que el corazón ve. En vano intento tragarme el revuelo de la penumbra, los golpes de remos de las mujeres que sin ánimo regresan de la hierba, que se acercan más y más a través de la niebla, hasta que de la bruma sale un barco cargado de cháchara y triste alegría, luego de nuevo silencio, silencio, silencio. Alguien enciende una cerilla en la carretera, alguien enciende un fuego en la niebla, un acordeón llora sobre el agua. Meto la mano bajo mi abrigo, saco mi corazón como un reloj y escucho el tuteo del tic con el tac.

## [UNA VEZ PENSÉ…]

Una vez pensé que el amanecer estallaba como un melocotón y que la suave llanura estaba espolvoreada de canela, entonces alguien me retorció el corazón con una cuerda y las lágrimas salpicaron mis mejillas. Solía pensar que una lágrima trae perlas a la boca, que con la resina un árbol suda su angustia; ahora sé que no son perlas, que las perlas de agua salada aparecen plateadas en tus mejillas. La corriente me arrastra ahora hacia abajo y me golpea en el fondo como a un ahogado, y tú, soñador, no tienes remedio, sigues mojando tus sueños con un dedo en la fuente y en tu frente incrustas una cruz.

## [LA TIERRA SE HA PUESTO...]

La tierra se ha puesto un abrigo de armiño, hasta me asusta su palidez, permanezco al borde del camino, mirando el paisaje silencioso como un pelícano un pantano. Tus ojos hoy son ruedas de molino partidas, te estás desgarrando la garganta. La nieve cruje suavemente como los raros rieslings, y una bandada de cuervos alza el vuelo.

## CREPÚSCULO

Nadie es más visitado por Dios que yo mismo; en cada encrucijada reconozco su dedo, pero no me alegro, pues mi corazón está lleno de negativos y de ceros; anhelo deslizarme por el cuello de la botella para encontrarme, para encontrar al hombre que me entregará el agua pura. Hoy, cuando millones de soldados libran una cruel batalla moral, ¡permanece a mi lado, Señor Cristo! En ti pienso en estas semanas en las que los ejércitos luchan por los ríos Bug y Rin. En estos días deslumbrantes pienso en Rembrandt van Rijn y en todo lo que conforma la celebración de un hombre humilde que, aunque esté en guerra, solo piensa en la paz. El único suspiro. Tal vez me entierre en mis propias paredes, aunque ya la lluvia ha dejado de hacer sonar los anillos de hojalata.

[QUISE SALTARME EL DESARROLLO...]

Quise saltarme el desarrollo y no salté ni un arroyuelo. Mañana miles de buenos patriotas se levantarán de entre los muertos con las caras pálidas, rojas de sangre, y la flor de maíz color del cielo, que ha caído en los ojos de espaldas. Vaya cinta de tres colores les has confeccionado, Señor, y vaya pasaporte al otro mundo que has emitido para ellos. ¿Y tú qué haces en este tiempo? Tú, si al menos sacaras tu propia sangre y la enviaras en una jarra de gran tamaño a todos los heridos, tú, si al menos te arremangaras y empujaras hacia atrás los tanques, tú, si suavemente, como un ángel, levantaras a un niño por la camisa o al menos taponaras los cañones de todos esos matones... Pero tú no pusiste ni un bloque de granito en las barricadas y ahora lo lamentas. Eso no es mucho para una paloma que quería convertirse en gavilán sin ensuciarse.

# Metamorfosis

¿Por qué estoy aquí?
¿No sería mejor que no estuviera aquí?
¿Por qué solo y únicamente
el sueño es bello?

¿Y qué es lo que me ata aquí
a esta triste tierra?
A qué precio de los precios.
¿Por qué no prefiero ser
ese sueño?

¿Por qué únicamente estoy
cuando ya no soy yo?
¿Por qué solo sueño
cuando ya no es un sueño?

¿Por qué ese acuerdo con la cuerda?
Estoy colgado por el precio de los precios.
¿Y por qué solo y únicamente
el acuerdo con la cuerda
es lo que soy?

Dejo la tierra triste
porque solo en el sueño
soy hermoso

P.D.
En los días de abril de 1952
un hombre bello se ahorcó
fue Vilda Cermak

Parece que con su suicidio
resucitaron algunos muertos

La muerte mediante el encaje de los pelos
les desgarró los pulmones
los pulmones les desgarró
la muerte mediante el encaje de los pelos


Ha pasado una desgracia Ha pasado una desgracia
La radio dejó de cantar VAMOS A ARREMANGARNOS,
    OBREROS
Porque ha ocurrido un accidente
Seis ambulancias y un coche negro de la policía
Porque ha ocurrido un accidente
En las fosas profundas
Siete personas estaban reparando la tubería de gas
a cinco de ellos los sacaron amarillos
Dos amarillentos se tambalean
Un coche con enfermeras se abre paso
A través de una multitud de gente que se lamenta
Regresa en un minuto
Porque la desgracia es completa
La respiración artificial no devuelve las vidas
Enfermeras en el coche, blancas como pioneras
Poncar, el director obrero
Con una cara blanca como un sacerdote husita
Lleva su corazón atormentado agrietado

Los cinco forjadores amarillos son cadáveres
La multitud de metalúrgicos mira fijamente aquel punto
La vista preliminar de su posible futuro
Voy a llorar
Ha ocurrido una desgracia Ha ocurrido una desgracia
Una desgracia, una desgracia ha ocurrido

*7 de mayo de 1952*
*Fundición Koněv*

# La gran vida

Es imposible molestarse con un hombre
cuyas máscaras brillan
con pomada de mercurio,
un hombre que, endomingado, camina por el mundo
con pegatinas
y envía el amor al estiércol
y la vida a la masturbación.
Sin embargo, un día oye un fragor
que proviene de las entrañas
y él va a desenterrarse del cadáver
que se resiste.
No tiene más remedio
que arrancarse por cesárea
y quemar los rostros de los enmascarados.
Solo entonces puede caminar por el mundo
sin vergüenza
por ser el hombre un árbol herido,
por ser una oveja de Karakul,
por ser hombre acero
torturado por la quema y el fuego,
y por necesitarse un deseo santo
para presentarse ante el mundo,

como si no hubiera nada ante mí,
ante ti,
ante él,
más aún cuando el mal es barato
y lo hay de sobra,
cuando un hombre atrapado en sus propios grilletes
grita y grita
y se golpea a sí mismo
a sabiendas y sin saberlo,
destrozando todo lo que encuentra en el camino
a sabiendas y sin saberlo,
permanece tirado en la calle
con las uñas azuladas.
Ahí está el hermoso regalo de ser,
de estar solo en medio de una multitud,
que no hace nada
pero finge estar haciendo algo,
que vaga por la tierra desolada
cantando canciones,
que en nombre de la libertad permite
que le quiten la libertad,
que en medio de otra multitud padece hambre,
para conocer a un hombre
en medio de la gente
que se mira directamente a los ojos,
para recuperarse
en medio de la multitud,

que lleva toda la vida viajando
en zapatos pequeños y apretados
y treinta segundos antes de morir
se los quita para aliviarse,
para mirar a su alrededor,
solo que ahora para decir algo,
ahora que ya es demasiado tarde para gritar:
Mi hermoso país,
mi hermoso país,
te lo repito una y otra vez:
te quiero, te quiero y al mismo tiempo
te doy un golpe terrible;
deja que tu cerebro pase por tus entrañas,
saliendo de tu vagina,
y aún tendrá tiempo de ensuciarte
las uñas de tus ya inexistentes dedos.
En vez de eso, él se emborracha,
rompe la vajilla,
baja de puntillas las escaleras
de los arcos
en un concierto de violín.
Y el hombre imprevisible,
y el hombre inalcanzable,
y el hombre incomprensible,
y el hombre solo
nace y gana
sin derrotar,

sin reformar.
Le basta con unas tenazas de tortura
dirigidas contra su propia carne
y todas las cosas del mundo entrarán
en su corazón
desabrochado e inmoral,
donde una piedra no es más
que el cerebro de Newton,
donde su boca es menos
que el agujero del ano,
donde todo vive
con libertad y amor,
donde nada puede ser exaltado,
nada puede ser humillado,
nada se puede quitar, nada añadir,
donde todo está preparado
en una pureza nítida
para la destrucción y la creación
y donde se habla sin ruborizarse
de la eyaculación matinal
que se ha colgado
a este sueño que ha durado treinta segundos.

# Bambino di Praga

En mi corazón duerme la bella Eugenia
con un vestido asatinado como un martinete,
en su cerebro rojizo se apaga un escarabajo,
sus brazos excitan las entrañas de los corderos
y venas de plata sangran en su puño
como si ocultase dentro un taller donde se tejiera
la locura.
Los husos se agitan,
miles de cadáveres felices
enmarañados en los hilos,
solo basta que caiga una sola pestaña
para que nunca más vuelvan al infierno.
Alguien huye corriendo a lo largo de la ribera
y bate tu sombra en la cabeza,
la imagen de Eugenia sospesa en el aire ondulado,
su sexo explota a través de diez vulvas,
de cada una crece un lirio
y de cada lirio mana y flota
una pelota de pingpong blanca.
Si piensas esta imagen hasta el final

los látigos tejidos de los nervios
me flagelarían.


### EL CANTO

Para ir al lavabo público hay que bajar la escalera,
hay una bóveda romana delante de las rejas
porque el nivel de la ciudad ha subido,
antes estaba unos cuantos metros más abajo.
Mientras orino me concentro en una cerilla
que se resiste, se agita en un lugar,
hasta que la corriente de la orina se la lleva a su pesar
a las entrañas de la alcantarilla.
Siempre que orino pienso en la humanidad.
A veces los dioses nos orinan en los ojos.
Estar muerto es simplemente ser un cadáver bien
    muerto.
Entro en la luz de la placita,
podría ir a encontrarme con mi prima en la cervecería
o con la dueña de mi piso, que tal vez me espera con
    una botella de vino,
o con el aprendiz en un pasaje.
Al atravesar mi calle Michalská leo un rótulo: «Puerta
    de hierro»,
he aquí una cosa que te fortalece como vino ferru-
    ginoso,

el aprendiz viola allí mi libertad y la elección
con haberlas conseguido,
no para de parpadear, tiene ámbar en los ojos,
qué más querría yo
que arrancarme por la mañana los párpados de los ojos,
sacar de ahí azúcar moreno,
pero lo que no sacaría es un granito o un grano
tan grande que ya no puedes girar la cabeza,
lo contemplaría hipnotizado,
pero yo no tengo nada,
salgo a bailar con el aprendiz,
vamos cogidos de las manos como dos asnos
y bailamos juntos, porque faltan mujeres,
mientras me cuenta lo que cuesta
poner el muelle en un reloj,
tan difícil es, que un día al aprendiz
se le saltó el muelle de un reloj de péndulo
y esparció las tripas de cinco relojes,
un muelle le dio tal golpe en el cuello al patrón
que se quedó mudo;
durante tres días todo el mundo fue por el taller a cua-
    tro patas
para encontrar los rodillos y los tornillos minúsculos.
Camino por las calles de Praga a la buena de Dios,
tropiezo con diez personas con prótesis
y una docena de hombres con las cabezas vendadas
y toda una asamblea de jorobados.

Sobre todo me fijo en las mujeres. Son bellas.
¡Dios mío, la moda de hoy día es para volverse loco!,
todas parecen como si acabaran de levantarse de una
    cama de amor.
Querría olerlas, dicen que hacerlo trae suerte,
la razón manda, sin embargo: lo real es irreal;
creo que deben de llevar un bastidor o un sistema de
    varillas
para que los pechos se te claven en los ojos.
Y además, ¡qué caminar!, esta oscilación de la persona-
    lidad,
esto es lo que te puede llevar de cabeza a la cárcel.
Creo que no me podré aguantar y morderé.
Suerte que uno puede imaginar:
la sangre gotea lentamente por los muslos y los tobillos
hasta los zapatos. Es cuando la erección ya decae.
Un hombre de ciudad ha de tener todo un vestuario de
    imágenes
si no quiere que la ostentación de tanta belleza
le obligue a cometer un asesinato por lujuria.
También puedo coger un tranvía e ir al Castillo,
subir la escalera y apoyarme en la baranda, una vez
    arriba
esparcir las miradas aquí y allá
que se rajan en el cobre de las cúpulas,
las torres hacen volteretas en su lugar
y a mi lado hay un padre con la hija:

Allí está San Jacobo, hija; ¿y allí?
El vellón de oro contesta:
San Vito.
Salta el loco: ¡Que no!,
¡haces el ridículo, es Týn!,
lo haces aposta delante de la gente, ¡idiota rematado!
Digo: Señor, ¡la niña tiene razón!
¡Estamos en la torre de Týn
y aquello es San Vito!
Acaricio el torrente de la niña
mientras le inyecto en los ojos la ilusión de la verdad.
¿Qué es la verdad? El padre patalea: «¡¡¡Un atenta-
    do!!!».
Definitivamente declaro, por última vez:
¡San Týn está enterrado aquí,
San Vito está enterrado allí!
Con alegría la niña grita: ¡Oh, claro,
así me lo has enseñado, papá!
Pero él, con patines de ruedas,
bulle en lo alto de las murallas,
se cuelga y golpea las piedras arenosas:
¡Mierda! ¡Cabeza de chorlito! ¡San Týn está abajo
y San Vito aquí, aquí, aquí!
Pero yo ya tengo el gallo de cobre a la derecha,
enfrente los jardines resbalan hacia abajo
y los rizos de piedra
y más locos observan mi torre,

me señalan con el dedo como si dijeran a los guardias:
¡Es él!
El espíritu lo divide primero todo en cuadraditos
y solo después lo contempla de manera anónima
según el perfume que emana de las cosas;
conmovido miro ese kitsch,
la tierra suspira, tal vez quiere desprenderse de la gra-
    vedad.
Bajo y, como en una prensa hidráulica, Praga desciende
más y más en el nivel de mis ojos,
el padre-cabeza de chorlito grita a pleno pulmón,
pero para la niña la iglesia de Týn estará para siempre
    aquí arriba,
ahora se me ocurre
que cuando vinimos por última vez,
al estar en la escalera oscura toqué tu sexo
y tú me amenazaste: ¡Quieres que te pegue!
Pero aquel día fue poca cosa,
tal vez era la premonición de lo que había de venir;
con las piernas alzadas y la espalda en los escalones
te golpeaste la cabeza contra la pared.
Oh, si todas las imágenes pudiesen despertarse
se haría con ellas una columna
dedicada a los cultos asiáticos del amor perverso,
siempre que voy a la iglesia
a través del bolsillo roto me cojo y entonces soy,
todos los santos a los que el ascetismo ha alzado el sexo

ahora se lo ponen, todas las santas enterradas entre los
    muros
bajan de los altares, arrancan los cirios
y los meten hasta el fondo,
se encienden y se apagan mutuamente,
se arrancan los vestidos y bailan con las llamas en los
    ojos,
qué padecer, cuando no tenían que pensar en nada más
que en la carne que hay entre las piernas,
sacarse de la mente
el hombre con el sexo erecto,
Jesucristo comienza a coseros la herida en la entrepierna
para acabar enseñando la herida abierta en su corazón
donde, de la eternidad, los segundos gotean sobre el
    carburo.
Pido mil disculpas por la imagen irrespetuosa
que acabo de crear,
mea culpa, novias verdaderas de Jesucristo,
que la paz esté con vuestros cristales,
pero vosotras, que sabíais perfectamente
que Dios está allí donde se abren los muslos,
vosotras, que sufristeis el cielo y el infierno,
os amo, me habéis hecho
no cuerpo, no espíritu, sino las dos cosas.
Lamento no ser Dios
para regalaros, a todas y cada una, la regla eterna
y un hombre incansable,

y es que vosotras, por el tintinear de las ideas,
malgastasteis vuestras vidas.
Cae el atardecer, los rayos han enlustrecido las casas,
pienso, qué debe hacer ella en casa,
me pregunto si su hombre aún se compra el Guaral,
podría ser el nombre de un río africano
o el lema de una expedición de guerra,
como cuando al decir gonorrea
la palabra parece salir de un verso de Homero;
desde la isla de Kampa, el puente de Marysko parece
    una bañera,
los peatones patinan sobre el culo
sentados en patinetes,
los sellos de un rótulo judío forman una media luna,
abajo Praga gime con las costillas rotas
mientras los arcos de los puentes se persiguen
de una orilla a otra
como mastines rabiosos,
a distancia veo manos grandes y rojas
como si acabasen de hacer la gran colada inacabable,
dice que su hombre está loco por ella
y ella corría, buscaba, gritaba, rezaba,
en las vías del tren sentí su grito,
me precipitaba y las estrellas temblaban,
él se sentaba en la arena con un abrigo de nada,
un cepillo de dientes y un par de calcetines en la cartera,
un gran duelo cósmico le chorreaba de todos los agujeros,

quedó de ello una fuente y ya está,
un surtidor que solo se puede coger por las lágrimas,
¿pero qué hará ella sin mí,
qué hará él sin ella,
qué haré yo sin ellos,
quién le haría la comida, quién le lavaría la ropa, si él
    es tan buena persona?
Y Praga ya se está llenando de ahorcados color malva,
las calles fríen públicamente el *sfumato,*
en los tranvías la gente se cuelga de las manos,
latas de verdura mezclada a base de zanahoria,
las barcas se deslizan en un sueño demente,
un paranoico intenta incendiar el río
y encima de la ciudad abierta de piernas
señorea un enorme toro invisible,
se le ve apenas un testículo inflamado,
los hombres se parecen a la luna llena sin regla,
las mujeres esperan con ilusión la danza de las entrañas,
las hay que ayer se sacaron el cinturón menstrual
y hoy su amante puede rociarla
como si se ejercitara para hacer de bombero;
ahora atravieso Ungelt y contemplo la iglesia de San
    Jacobo
donde las nupcias del emperador duraron tres días;
en la esquina de la calle Malá Stupartská el dueño de
    mi piso
recibió un sopapo que le hizo saltar un diente

y el hombre se cayó,
esto le pasó por ser detective,
por intentar separar a dos borrachos, por querer jus-
	ticia.
Allí hay una casita donde yo debía vivir,
pero un mago tendría que pasar por mi habitación;
también me gustaría saber
hasta qué punto el emperador amaba a la princesa
que enderezaba herraduras y atornillaba con los dedos
los platos de zinc como un cucurucho,
me gustaría ver al emperador
y a la emperatriz cuando cambian de postura.
Ahora estoy de pie bajo el pórtico
donde un Habsburgo se adelantó a la muerte,
donde cultivaba la marquesa della Strade,
seguramente le lamía los labios en este balcón cerrado;
en el túnel de Ungelt la estatua ecuestre de una vieja
	prostituta
se aviva y me pregunta con sus ojos amarillentos:
¿Quiere hacer el amor el chavalote?
Me ofendo, pero siento lástima,
y digo bajito: No puede ser, madre,
de pequeño caí sobre un caballo de gimnástica, de ple-
	no en la entrepierna.
Entro en la casa donde vivo, la señora está allí,
ya se ha de apoyar en la pared,
me quito el abrigo, las cortinas vuelan

como las banderas el día del Corpus,
el mundo invisible se anima,
me asomo a la ventana, el muro de piedra de la iglesia
es el fondo vertical de un lago poco profundo
iluminado por olas brillantes,
la señora me lanza encima la esparraguera de su cabello
y el olor de arándano, debe de haber bebido vino;
observo a Nuestra Señora con su hijo
fijada con cemento en el muro,
tan severa como Gero, el terrible virrey;
los peatones pasan de largo frente a la tumba del solda-
    do desconocido
enrabietados de tener que saludarlo; su pensamiento
    me rocía:
¡Por qué no hemos pasado a tiempo al otro lado de la
    calle,
si seremos burros!
Elevando el sombrero muestran
la cabellera que todavía tienen,
pero nadie ve que esos huesos son suyos;
Nuestra Señora nos mira fijamente
con los cañones de sus ojos
y mi señora rosa me dice en voz muy baja:
Ven, nos daremos un besito amistoso,
y me lame los pelos del pecho
y quiere abrir mis piernas y mi corazón,
las cortinas vuelan y yo veo

unos ojos grandes que ya se duermen,
veo que yace en el campo,
en el armuelle, y lame la tierra, no puede ser de otra
    manera,
entonces dice: Señora, tengo otra;
me coronan las estrellas y el torrejón de Marien Storch
y la señora dice: ¡Vaya! Pero emborracharse
y hacer el haragán lo hace como nadie,
y sale corriendo. Me echo y cierro los ojos
y pienso, como cada mañana,
ella se arrastra hacia mis cojines, se inclina
y el amo desde la puerta pregunta con miedo: ¿Está?
y ella contesta con satisfacción: ¡Claro que sí!,
y él me trae un café y las manos y la bandeja que tintinea
y yo después examino mi carnet de identidad
para saber si soy yo,
cada día me duermo así
pensando que me volvería loco
si a la pregunta: ¿Está?
ella contestase: ¡No!
Las cortinas nocturnas se inflan
para volver a caer, reventadas por el ambiente inmóvil,
y otra vez miles de colibríes toman las cortinas en sus
    picos,
recuerdo cómo subía por esta calle abandonada
y en la misma casa alguien tocaba *La pequeña escuela
    de agilidad*,

dejé las maletas en el suelo para mirar arriba,
pero no bajaba nadie y no pasaba nada,
solo el piano caía abajo, ora un trozo ora otro,
y las cortinas gestionaban la paz;
me levanto para palpar las cortinas,
el hielo de los pechos maternos
desde hace tiempo en desuso,
los tejados gotean plata viva,
la iglesia está tejida de lanzas.
Siento una voz tierna y me asomo por la ventana,
abajo hay una cabeza de mujer de catorce quilates,
da besos sonoros y grita:
¿Por qué te apartas, es que ya no me quieres?,
y él, con la cabeza atrás, baila la samba,
a medianoche, y burbujas de silencio enfilan hacia la
    luna,
ella se tumba sobre un montón de arena a la vera de la
    iglesia,
las herramientas de los albañiles tintinean
y el joven le da la prueba de lo que es ser un hombre,
unas cuantas llantas calcinadas ruedan encima de los
    amantes,
Nuestra Señora tiene las manos fijadas con cemento,
ni siquiera puede taparle los ojos a su hijito
y las estrellas sin psicología no le hacen gracia.
Los bares Figaro, Romania, La Araña Roja
cierran,

alguien vomita en la esquina y lanza un grito terrible,
siento como si me vomitase en la cara,
corro hacia la ventana y abajo veo a dos hombres
enfrentados, que gritan:
¡Señor, yo soy checoslovaco!,
el otro le endosa un guantazo: Bueno, ¿y qué?
Y otra vez: Señor, ¡yo soy checoslovaco!,
un nuevo guantazo: Bueno, ¿y qué?
De debajo de las arcadas saca la cabeza una mujer que
    escupe sangre
como si ella también intentase convencer a alguien:
Señor, ¡yo soy checoslovaca!
Miro hacia el otro lado de la plaza,
un señor vestido de negro arrastra por un charco
a una mujer de buen ver con un vestido estampado de
    flores,
pegándole en todas las partes donde puede: ¡Bruja!
    ¡Mala puta!
y levanta los brazos al cielo
palpando los valores,
y la mujer le abraza las rodillas, pero el hombre le da
    patadas,
ella se echa en el charco
hasta que él se inclina encima de ella,
se ve que la quiere, acaricia su pelo,
ella se levanta tambaleándose,
borrachos se cogen del brazo,

se dirigen a la placita besándose
y el hombre vuelve a la plaza vacía
y grita a la estatua de Jan Hus:
¡El espíritu ha vencido a la materia!,
y lo hicieron bajo las velas.
Nuestra Señora de la iglesia Týn los mira
sin ver nada.
Hoy todo el mundo que ha pasado por allí
le ha escupido en la cara,
los escupitajos le gotean de las cejas,
la basura apesta,
mientras ella ofrece su corazón de diamantes
pero nadie quiere de ella ni la más vulgar de las piedras.
Algunos días voy a los encantes de la calle de Kotce,
en la esquina compro el horóscopo del mes,
a las vendedoras les manan de la nariz cintas de co-
    lores,
al herbolario le brota una sombrilla del cogote
cada vez que estornuda como si se elevara con las me-
    dicinas,
cuando bebe el caldo, entonces es como si
vomitase en una película que se rebobina.
De las guaridas de Kotce a menudo salen tambaleándo-
    se viejecitas
con el rostro surcado por los signos del zodíaco
y con un par de pedazos de piel de pantera
en lugar de ojos.

Sacan a la luz unas andróminas delirantes;
hay una que vende rosas verdes hechas con plumas,
esa tienda es la creación de un cerebro lunático,
yo paseo allí descalzo con una jarra de cerveza,
Jesucristo me pasa de largo en bicicleta,
por poco me atropella,
las viejas tienen su casita pegada al culo
y llevan flores en los bolsillos de canguro,
las palomas se arrullan el cuello,
los periquitos vuelan dentro de las jaulas
como metáforas de un poema de Éluard,
plumas pegajosas, extrañas e impertinentes,
bebo una cerveza en honor de los jilgueros
que todo el santo día no hacen más que preguntarse:
¿Y si las rejas no fuesen sino un sueño?
Por trescientas coronas me he convertido
en Jesucristo, durante diez segundos tornasolados,
y el jilguero despega de la mano,
engendro el mundo,
entro en el mercado de la calle de los Caballeros Ar-
    mados
donde las viejecitas venden sangre coagulada,
qué olor de recién nacidos, de paja empapada, de vina-
    gre y de cáñamo,
un gramo de sensibilidad y el cuchillo gira contra sí
    mismo,
pienso en la matanza del cerdo,

cuando un cerdo mal degollado se metió en el estiércol
prefirió ahogarse en el estercolero
que volver a ver ese mundo lleno de hachas.
Vuelvo al despacho y me dicen:
¡Escucha, Navegante, te hemos enviado a buscar cer-
    veza
y no el elixir de la vida!
Y añaden leña al fuego: ¿Cuándo se te volverá a morir
    el tío Adolfo?,
en casa también, si alguien ha vomitado por la calle,
me miran: Claro, este no tiene ninguna preocupación,
¡puede coger una mona cuando quiere!
El pasado domingo fui a bañarme
y ya me decían: Qué barullo ayer por la noche,
qué trompa, tú y tu hermano,
gritabais a pleno pulmón
y decíais cosas reaccionarias,
suerte que no somos policías,
si no, ¡os tendríamos que detener!
¡Yo no fui!, aunque bien mirado, ¿por qué contrade-
    cirlos?,
así que digo: celebrábamos el inicio de la cosecha
y suerte tenéis de no ser policías,
si no os tendríamos que disparar un tiro
para no tener que denunciarme;
y ellos, con asco, me preguntan:
¿Tanto te gusta esto?

Antes estábamos unos cuantos aquí,
pero el señor Vančura ya ha muerto
y el señor Růžička tiene bastante con una copita
para comenzar a sacar los edredones bajo la lluvia
y hacerse la cama en un camino enfangado diciendo:
Es curioso, cuanta más altura,
¡mejor respiras!
O se compra una barra de pan,
en la plaza la tira al suelo y grita:
Venga, salta, ¿por qué no quieres saltar?
Por la noche, cuando lleva una buena cogorza, en el
    patio de casa
toca el organillo, que ha heredado,
parece un pequeño confesionario
y toca y toca siempre la misma pieza,
los vecinos, locos de rabia, le tiran ladrillos y ollas a la
    cabeza,
al final le dan una paliza,
lo cierran con llave, lanzándola lejos,
y el señor Růžička, tieso, se dice:
Es curioso, ¡la música es la misma y cada vez es más
    bonita!,
la sangre le gotea de la nariz sobre las baldosas;
o esta otra: la tía de los Marysko se estaba muriendo
y el sábado mismo la señora Marysko me metió una
    bronca

diciendo que durante la noche había golpeado la ven-
tana
y la tía de poco no la diña de lo que se asustó;
al querer justificarme, ella me hizo un gesto con la
mano:
¡Calla! ¡Salí y en la callejuela oí tu risa siniestra!;
o esta otra: el veterinario se inclina sobre una bestia
enferma
y se dirige al contable: Le recetaré un líquido
para untarle los abscesos,
me mira y grita: ¡Ven!
¡Busca un pincel y aplícale el líquido aquí,
entre las pezuñas de la bestia!, yo hago que sí,
pero pienso: ¡No!
Después me chincha para que coja un bastón y abra los
morros del buey
y le limpie la boca.
Y yo que sí porque no me veía con ánimo de decirle
que no era ningún carretero para que me gritara así,
que yo solo miraba.
O esta otra: Thume, el idiota, se sentó a mi mesa
gritando: ¡Tú eres un panadero!,
estaba tan bien que dije: ¡Oh, y tanto!,
y pasamos la noche jugando a las cartas.
O esta otra: en la sinagoga, allí donde se eleva hacia el
cielo
la viña de la voz del capellán

y desde allí arriba Nuestro Señor mea sobre los som-
   breros,
donde el rabino con el capellán a cuestas
se desliza por una cuerda tendida
y lanzan un castillo de fuegos artificiales,
allí un judío brillante se inclinó hacia mí
susurrando: ¿Usted también llega del Este?,
y en cuanto lo hubo dicho: No, pero tengo pinta de
   que sí,
corrí a casa, pies ¿para qué os quiero?,
me bañé en el espejo
y leí mis documentos de identidad y el de nacimiento.
Cuando estoy triste me siento en la isla de Kampa
donde los niños hacen dibujos en el asfalto demostrando
que los caminos de los niños, de los locos y del arte
   moderno son idénticos;
a menudo sueño el sombrero de un hombre
que está pintado a la vez por delante y por detrás,
la oreja escondida detrás del perfil
está dibujada como un escudo.
La niña no sabe nada de Picasso ni de Mucha,
pero Picasso sabe de la niña
a la que Karel pregunta: ¿Quién ha pintado esto?
¿Esta cara con mirada de diamantes?
Llevan a la niña con tirabuzones de cabellos azules
y ella se justifica: ¡Eso de colores no es mío, lo ha aca-
   bado de pintar

aquella fea!
y con el pie borra esa preciosidad
que habría de colgar en una galería.
Un niño con la cabeza llena de anillos dirige su fusil
    al sol
¡y pum! grita locamente hacia el banco:
¡Brok, Brok, trae, trae!
y después lucha con el banco:
¿Me das el sol o no? ¡Venga!
Allí una niña pone todo Kampa en su cestito
y se lo lleva más lejos
para que no esté siempre en el mismo sitio,
mira una hoja que cae y dice:
A la hoja le dolían las manos, ¡por eso se ha dejado ir!,
un niño de tres años está en cuclillas delante de un
    coche,
ofreciéndole una manzana
para que el coche le dé la mano;
el camino del paraíso está abierto todo el día,
solo estas locuras equilibran el mecanismo
de nuestras vidas regulares
como si pudiera pararse un diluvio;
pienso en él, estaba enfermo
y todo el día mira fijamente dos cigüeñas bordadas,
ella volvía y no podía ahogar las llamas,
toda la noche se metía en la cabeza que ella tenía que
    aprender a cantar,

ir a la iglesia, hacer teatro,
cualquier cosa menos yo,
pero yo era el teatro, el templo y el canto;
muy dolorosamente cae el atardecer,
en el sexo se levanta una nube que se espesa,
un río azul lleva su esperma,
no están lejos las manos que encenderán el pajar,
de hecho las mujeres quieren a los criminales
mientras que a los santos les vomitan encima desde el
    tercer piso,
qué gracia cuando salen
más y más ciclistas
de las curvas oscuras,
en la cabeza les llamean las luces de seguridad,
recortado por el espejo separo la tierra del cielo,
espero que el ojo engendre la emoción,
el cerebro da el mensaje,
las barcas flotan en las aguas nefríticas
y cada movimiento de los remos
recorta un haz de cucharaditas de alpaca,
el barco dormido desflora la imagen de la luna,
el remo dorado lame el río,
los torrejones caen al agua uno tras otro
como los vasos de aguardiente entran en la garganta
    desde unas manos obreras,
la ciudad espera pacientemente,
los pescadores brillan en las redes

y un ciego conduce a una ciega por la orilla
sobre el radar del bastón blanco del amor,
es de noche en nuestra casa
y en mi irritada carne que sangra;
es cuando pertenezco a las cosas que huyo de mí mismo
y me lleno vaciándome.
Los rusos llegaron entonces, parecían bellos,
rapados al cero,
hacían pensar en la orden de la crueldad,
se bañaban desnudos
y las mujeres se colgaban de su sexo,
ellos se vestían con enaguas de señoras,
cascos romanos con penachos en la cabeza;
así entraban en el agua, una caña en la mano,
me hacían pensar en Giorgio de Chirico
y sus centinelas encasquetados,
recuerdo que en el instituto
los rusos rompieron botellas
y del alcohol que había hicieron un licor
con regusto de ranas y lagartos,
el jardín les servía de hospital, llovía,
los enfermos yacían en la hierba y leían,
por la noche tocaban música e invitaban a bailar,
bellos, bellos, bellos,
las vendas blancas almidonadas brillaban a oscuras
como agujas de cerilla,
las bombillas titilaban entre el follaje de los cerezos,

un ruso apuntaba con el fusil al acento sobre la «a»
en el rótulo ferroviario: «Dirección ciudad de Lysá»
y los viajeros en la estación enloquecían;
otro ruso entró en mi despacho de la estación
para preguntar cuándo salía un tren para Budapest,
por la noche los rusos levantaron las barreras de las vías,
el tren ya había salido de Stratov,
el guardavías retenía a los caballos
pero en las vías se apilaban otros vehículos,
el guardavías desesperado corrió al encuentro de la lo-
    comotora
agitando una linterna roja,
el maquinista sin embargo no lo vio
así que el tren nocturno se precipitó en medio de todo,
primero pensábamos que eran diez,
tantas piernas y botas y brazos,
los caballos rompieron los yugos y temblaban al lado
    de las vías,
olfateaban la mano
pero la mano que querían oler
ya estaba fría,
en un coche militar se llevaron a los heridos al hospital,
la sangre goteaba sobre las vías,
por la mañana volví a ir allí:
Los cuerpos cubiertos con una lona
que levanté
y la visión de la muerte me aturdió,

aquellos cuerpos sin piel,
cadáveres desnudos,
pensé en Picasso
y en el hombre del atlas anatómico,
una mano con un anillo de lata
me conmovió tanto que lloré.
Estoy en Kampa pero veo los vehículos de aquel día,
un joven ruso de origen asiático subió hasta las vías
para tener su ración,
levanta la lona
y un interrogante le amarga la cara infantil
al ver tanta carne fresca, malograda,
a mí la visión de la muerte me calma,
me voy con el tren y veo a otro ruso asiático
muy cerca, con el reloj en la oreja,
querría saber de qué le viene ese éxtasis,
se ve que se funde con el tictac,
la llanura se extiende hasta el horizonte,
la madrugada bate la mantequilla
y a distancia un jinete baja,
da patadas al caballo y vuelve a montar,
una pierna agitada.
Estoy sentado en Kampa cuando cae el atardecer,
me levanto para ir a bailar a Vyšehrad,
le pregunto a la niña si puedo peinarle el pelo,
la pequeña se sienta a caballito en el banco
y yo peino sus tirabuzones azules,

ella dobla una pierna debajo de sí,
de aquí a tres años comenzará a desvelarse en ella el
     bello parásito
que contiene sustancias cáusticas
con regusto de ácido bórico
que inundará su vida de desgracia;
me concentro en mi trabajo bíblico,
le pregunto si pinta por placer o por qué,
dice que pinta como un pájaro canta,
¿quién querría torturarse
con la voluntad de pintar?
Lo comprendo, le ato un lacito,
la niña tiene el cogote de plomo y de repente me da un
     beso en la mano,
le digo: Yo no soy un capellán,
con un bolígrafo dibujo un círculo alrededor del beso,
atravieso el puente de Marysko,
paso de largo por los baños de Marysko
y entro de un salto en el tranvía número veinte,
la Praga empírica pasea por el muelle,
las casas son como los forros de plomo de los acumula-
     dores,
en la plaza Carlos cojo el tranvía número catorce
y cuando la revisora me agujerea el billete,
digo a una señorita desconocida: ¡No se ha dado cuenta!
La revisora vuelve para examinar el billete:
¿De qué no me he dado cuenta?

¡Que este es mi billete!
Y señalo a la chica y los dos reímos
y ya me toca bajar.
En Casa Němeček la luz está encendida y el rótulo dice:
«Hoy clases de baile por el maestro Kocián»,
qué baño para las almas torturadas,
todo el mundo ya está presente y el maestro Kocián
    grita:
¡No gritéis, que esto no es un mitin político!,
palmotea: ¡Señores, vayan a pedir a las señoras!
¡Y a bailar!, pero solo hay tres señoras
y hay treinta hombres; la mujer del maestro dice: ¡El
    maestro está enfermo!
Supongo que debe de haberse caído de tan borracho,
la nariz le brilla como una bombilla,
no hace más que sellar papeles y dar consejos,
dice que no hemos de ser unos canallas, me pregunta:
¿Dónde está tu pareja?
Le digo: ¡Allí!,
porque se ha abierto la puerta y el aprendiz ha entrado,
le ofrezco el brazo y le pido un baile,
bailamos la polca y él se pone la mano en el cogote
como si tuviera reuma en la cabeza,
nos abrazamos con más firmeza que si fuese una mujer,
esas dos son hermanas y llevan calcetines amarillos
y vestidos de algodón a cuadritos,
un gran pañuelo en la mano, y dice la mujer del maestro:

¡Parad, repetiremos las figuras del tango!,
¡un dos tres y atrás!,
le rodean abrazados como mariquitas,
delante de todo el mundo he de ir a buscar al aprendiz
    de barbero
y decirle: Señora, ¿quiere bailar conmigo? Hacer una
    reverencia
y esperar a que me diga: De acuerdo.
Nos abrazamos y nos ponemos a bailar
mientras él me explica cómo cortó la oreja de alguien
y huyó del aprendizaje,
y yo me alegro de afeitarme con una máquina.
No nos sale bien y la mujer del maestro llama: Deteneos
y probadlo cada uno por su cuenta.
Qué esquizofrenia,
toda la libertad controlada por los pasos del tango,
el maestro golpea el piano,
sonrisas empalagosas, cada cual diferente,
por la imaginación se esconde,
quien reina es el ayudante de jardinero,
a una velocidad que aumenta avanza a todos los pre-
    sentes,
gira que gira como una peonza,
con los ojos cerrados y espuma en la boca se sienta:
¡Qué trabajos, Dios mío, cómo me da vueltas la cabeza!,
el maestro en la cocina se mete un par de copas entre
    pecho y espalda

y al volver ya arma bulla:
¿Quién ha fumado?
¿Por qué no bailáis? ¡A buscar a las señoras, venga!
¡Ya se acaba! ¿Esta es forma de acompañar a una seño-
    ra, eh?
¡Venga, venga, otra vez, volvamos!
Acompaño al aprendiz de relojero a la mesa,
me inclino ante él y le digo: Gracias, señora,
y él dice: Ha sido un placer. Y ya salimos a la noche de
    ceniza,
el chico me cuenta que dejó a su novia
porque era una vulgar: ¡le besaba las orejas!
En la plaza Carlos nos despedimos,
él va a casa de su abuela, en Žižkov,
yo me encamino a la plaza Wenceslao.
Me siento en la baranda, contemplo los tilos,
millones de golondrinas vuelan
cerca de los multicolores anuncios de neón,
es casi medianoche,
mujeres negras y malvas escuchan el chasquido de las
    salchichas a la brasa,
en la entrada de Turandot hay plantado un portero
y alguien le enseña el dinero,
en la calle Melantrichova, a las putas y a los borrachos
los restos de la cena les cuelgan de los labios,
la luz de acetileno los mancha a todos,
cuchicheo y rechinar y charloteo,

en Casa Šmelhaus la tierra se traga a la gente
y los ahogados suben a la superficie,
hoy ha sido día de cobro y los borrachos ya venden,
un hombre lleva a casa a una mujerzuela hecha de an-
     dróminas,
ella se apretuja contra él,
él, a cambio, le tira eructos a la cara.
La callejuela Kožná brilla en la oscuridad como la san-
     ta cueva,
las estrellas desposan los tejados de malaquita,
encima de la alcantarilla yace una rosa; ¿quién la ha
     perdido?,
la cojo, para que nadie vomite encima.
De lejos llega un grito terrible, ya estamos,
las campanas tocan enloquecidas,
después las que se retrasan,
las alas del sueño airean a los dormilones
y yo me asiento en la Plaza de la Ciudad Vieja,
un tintín insostenible planea encima de mi cabeza,
camino por la calle París iluminada por los faroles de
     sodio,
mi sombra es verde con un borde malva,
esta señora no puede dormir, pasea a su perro cerca
     del río,
tal vez le ha pasado algo,
enfrente de la Facultad de Derecho alguien vomita,
     apoyado en la baranda,

el líquido le cuelga de la boca y brilla como el azufre,
las estrellas se agitan en la pureza
y el hombre se duerme en sus propios jugos,
gruñe satisfecho, se ha resuelto a sí mismo,
después de las clases de baile ya nada te extraña,
el mundo se ha vaciado,
soy ciudadano del cosmos,
la señora aún está allí
como salida de una obra de Ibsen,
su blusa se agita al viento,
aunque desnuda estará vestida,
el borracho apoya la cabeza en la baranda,
de la cara lastimada le chorrea el amarillo,
uno puede pensar en las ejecuciones con espada,
nace otro mundo y yo ya no cuento,
encuentro a la chica que amo arriba y está preciosa,
ha estado de vacaciones y los italianos tienen unos ojos
    muy bellos, me dice,
le cojo la mano y la beso,
me cuenta que los italianos
querían llevarla al cine,
pero ella prefirió la compañía del maestro de escuela,
de aquel que por ella habría hecho cualquier cosa,
le pregunto: ¿Dónde vamos, al teatro?
De momento vamos a tomar un helado; ella me pregunta
si yo también me pongo rojo cuando veo a una chica
    que luce,

me cuenta que a ella, cuando ve a un hombre bien
    plantado,
el corazón se le dispara y se pone roja,
antes el corazón me habría gritado,
pero ahora he de hacer ver que no me importa
que la chica encienda las llamas allí donde quiera,
que ría como si le tocasen las piernas,
que lance risas que hielan la sangre,
soporto incluso que los hombres me miren
como si fuese un castrado,
todavía he de sentir
que el dentista halagó su cuerpo
y que podía haber ganado mucho dinero,
un masovero le ofreció quedarse con él
mientras su mujer estaba fuera,
pero ella prefirió volver conmigo.
Ahora estoy bailando un vals con la dueña de mi piso,
el dueño está borracho y nos hace la señal de la cruz,
siempre me bendice, en el lavabo incluso,
su mujer borracha se queda en la puerta,
una corriente de aire cruza la casa e invita a las cortinas
    a salir,
miro por la ventana, un guardia dirige el tráfico
con los brazos calados de tiza hasta los codos,
el dueño se sube a la mesa
y no para de repetir la señal de la cruz que se espesa
y se convierte en un enorme cuadro barroco

sobre el nacimiento después del caos,
su mujer ejecutada en posición horizontal es violeta,
su pelo dorado sangra de tantos teñidos
como si el sol se hubiera echado una siesta
en el umbral de la eternidad,
el amo no para de remover el aire con señales de com-
    pasión,
supongo que sabe lo que hace,
de dónde habrá sacado esos ojos,
debe saber qué hay detrás de esa porquería,
cómo todo se acaba y nada comienza,
o todo comienza y nada se acaba,
su mano gesticulante llega hasta allí
y palpa, arranca los trozos sangrientos,
pone en la boca de esa cosa un neumotórax,
pero esa cosa está rígida de tanto beber,
mi dueño se convierte en una máquina de panadero,
los hombros trabajan la masa
que comienza a estar a punto,
a distancia la atropellada yace sobre las vías del tren,
el chico de los recados piensa que es un cerdo
pero es un cuerpo sin brazos ni piernas,
la máquina le arrancó el vestido, los ojos y la boca,
mientras que con las tripas se rodeó las llantas,
parecen banderas y cintas,
también veo que el marido
recoge a su mujer trozo a trozo

con papel de periódico, todo confundido,
sin comprender nada,
pero las manos de Cristo no se han separado de la vida.
El dueño cae de la mesa,
el espacio está impregnado de presentimiento,
el agua mana en algún lugar de la casa, voy a buscar
   carbón,
la bodega está en el primer piso
y en la bodega hay ataúdes,
centenares de ataúdes de todas las medidas y precios,
la mirada se tuerce de tanto brillo,
me digo que si se levantara una tapa,
saliera una mano y preguntase: ¿Llueve?,
me desmayaría.
Solo ahora me he dado cuenta de que me han puesto
   un cactus,
un cactus gigantesco en la habitación,
las ramas llevan un lacito
de papel color rosa,
primero me quedo plantado con los tímpanos despa-
   churrados,
pero acto seguido salto y chillo:
Oh, señora, qué belleza, qué preciosidad,
pero ella se queda en la puerta después de la matanza
y la vida y la muerte
son botones idénticos
Koh-i-Noor Waldes,

las imágenes se hacen más y más densas,
llenan tanto el aire que hay para ahogarse,
se podría apoyar una escalera
o bajar al pozo
y encontrar las imágenes rasgadas con el hacha,
captar las imágenes que huyen del barco que se hunde,
cautivar las imágenes que salen en rebaños de la mina
después de una explosión,
imágenes que forman lagos en los lugares de las batallas,
imágenes que danzan alrededor de los hospitales,
uno se puede imaginar
que de aquí a un millón de años preferiremos respirar
    el agua
y de aquí a dos millones, piedras de las montañas.
Todo quedará denso, sellado,
captado, atado,
ya nada resultará poco claro, porque
el mundo no será sino un cuadrado infinito, cilindro
    infinito, globo infinito,
las imágenes fosilizadas serán todo su peso que se me-
    dirá en toneladas,
Dios sacará punta al lápiz,
Jesucristo con zapatillas blancas de tenis
se sentará con la cabeza atrás,
también él será juzgado por sus aforismos que incitan a
    la revuelta,
cuando aún viajaba en torno al lago,

ahora sé que a él también le explotaba una granada
cuando caminaba entre la gente sin capacho,
sabía ir a buscar lo que quería hasta al borde del horno,
ahora sé que fue él
quien se tiñó el pelo de verde para ir a la ópera,
él quien paseó por un bulevar,
atada de un cordel llevaba una langosta,
él quien proclamó en Suiza:
a sus amistades, en su compañía,
a su familia y a su amor: ¡Mierda!,
que fue él quien bailó en el teatro desnudo,
sólo con un cucurucho en la cabeza,
que en todas partes fue él
quien provocaba un escándalo
fabricando las banderas de la libertad.
Que posiblemente fue él
quien levantó contra sí mismo
la bandera roja de la sangre.

¿Quién sabe?

# Amor y Psiqué

Cristo: Los dioses sois vosotros.
Yo: Como yo, así es Dios.

TRAUMA:

Alguien escribió en la pared: Explosión Gabriel.
Un viejo borracho salió de la calle de la Hermandad
tambaleándose, o deseaba confraternizar;
su cara abierta como botas de ganchillo;
cuando se acercó, oh, se acercó,
sus terribles ojos ardían,
su boca libidinosa era capaz de morder el sexo de las
    chicas.
Las paredes adquirían alas de tantos dibujos,
la sensualidad se agitaba y revoloteaba en ellos,
pero la gravedad no permitía al hombre levantar el
    vuelo
y los monumentos languidecían en jaulas;
mujeres ebrias lanzaban viejas osamentas delante del
    hombre
que tenía la nariz herrumbrosa como una tubería oxi-
    dada.

Era su cordero, su cordero de Dios.
Acababa de pasar un noble ciego,
se golpeó la frente con el ángulo de un buzón de co-
    rreos,
la sangre hizo caracolear un torrente espumoso
y el hombre tapiado en carbón se enfureció
y golpeó el buzón dos veces con su bastón blanco
como un rey persa que azotara el mar con su cadena
porque la tormenta llevó sus barcos al naufragio.
La Santísima Trinidad tampoco estaba en casa,
había salido a jugar,
sí, salió a jugar y el poeta se emborrachó,
la gente se cortejaba en las conejeras;
el poeta se emborrachó de tanto horror.
El moribundo Jiří mentalmente planeaba su boda.
Ñam.


TESIS:


Desbloqueamos Europa en Praga, en el barrio de Libeň;
en camisón blanco impecable saltó la portera del bal-
    cón
y con los huesos rotos gritó de pared a pared.
Pero no se cayó, qué va. Dormía plácidamente en la
    cama
o tejía un jersey singular.

Solo el montón de nieve la inspiró
y es cuando nos sobresaltamos al oír un grito que no
    existía,
cuando atravesó la puerta un tranvía que irradiaba luz
y arrastraba su cuerpo hacia delante, los pies golpea-
    ban los adoquines
y el rugido desgarrador levantaba los sombreros
como si saludaran Hola, muy buenas.
Estabas durmiendo sobre lana de cristal,
cubierto de periódicos y remordimientos,
en vez de alfombra… una mujer destripada por su
    amante,
y todas las mañanas… viaje a la fábrica siderúrgica
en un bus-lama y otro bus-galgo
y un bus-galgo y otro bus-lama.
Pusimos la puerta en los cuellos como si fuera un yugo;
una pierna artificial colgaba del techo
como si alguien hubiera pisado fuerte en la planta de
    arriba
hasta abrir un agujero en el suelo;
los bomberos de la provincia de Brandeburgo
vigilaban nuestras máscaras mortuorias,
nuestras cenas compartidas,
nuestra jarra azul compartida,
mientras hurgaban con dedos temblorosos en el cerebro,
aperitivos comunes que se beben de la luna compartida;
también sobre la cocina cubierta de planetas

para cosas que no existen pero que son válidas;
el análisis de la piña para volverse loco,
viajes de medianoche a la Montaña Roja
y el nevado barrio de Prosek, hasta Rotbauer que
     dormía,
todo en la firme creencia de que algo está sucediendo,
que hay algo, solo cómo conseguirlo,
qué tijeras obstétricas,
en lugar de dormir y despertar con los ojos llorosos
y el viaje a la fábrica metalúrgica,
miradas hacia atrás, de Bulovka hacia las chispas chis-
     peantes,
huevos de rana de luces enredadas,
el chasquido de los dientes postizos de una praguense,
surgir una y otra vez del lago
con una lámina de agua en el cuerpo y algas en el som-
     brero,
la demora junto a los cadáveres líquidos,
el azul de las ciudades colapsadas,
un enamorado que por amor saltó a un convertidor,
¿podía seguir sintiendo el dolor en todos los lados?
Miradas microscópicas al dominio azul-rojo de las
     grapas
y todo se mezclaba y todo maduraba
y nacía poco, casi nada.
Un cadáver de jacinto, un jacinto-cadáver,
¿para qué ir a dormir?

El cementerio judío con las inscripciones medio bo-
    rradas,
la nieve inocente y el primer paso pecaminoso,
las ramas negras del sauce negro
y los tubos de la cerveza orinan las últimas letras
de la sabiduría de los muertos hebreos,
como si aún en el principio fuera la palabra,
como si aún al final hubiera un triste esqueleto,
tal como el átomo del radio se fragmenta ahora mismo,
alguien mañana, otro dentro de cien años,
aunque el perfume de la pecblenda se huele un tiempo
    determinado,
de modo que incluso los lunáticos evolucionan;
la monstruosidad es una fuerza natural
cuando los tíos paralíticos mueren en los lavabos,
para que el conjunto viva y florezca
en la descomposición de las auroras boreales.
Por eso cuando el sastre te tocó entre las piernas
con un centímetro
te desmayaste;
por eso cuando sacaste con tus propias manos
los apestosos cadáveres de las chicas
te volviste sabio.
Y en el cráneo de tu madre incrustas
un precioso broche que guardas en el pecho.
Cuando llevan a los terneros al matadero
o azotan a un caballo

me desmayo.
Y el moribundo Jiří sigue planeando en su mente
una hermosa boda.


ANTÍTESIS:

En el nombre del Padre, del Hijo y del Espíritu Santo,
    pero ¿y yo?
¿Quién soy yo? ¿Cuántos somos bajo la piel bordada?
¿Atma, Bodhi, Manas?
¡Ana, Hea, Mulge!
¡Yo!
Y yo violo los cadáveres y ellos despiertan debajo de mí,
viven y hablan, pero cuando quiero poner mis dedos en
    sus labios
se hacen los dormidos, se hacen los muertos otra vez.
La vieja Babilonia, somos ella y yo
y un áspero hilo anudado,
nos enviamos cartas a través de la puerta cerrada,
recortamos imágenes de amor
de espejos modernos y libros de medicina
mientras cantamos una canción moderna,
la mejor manera de mezclar los panes exactos.
Hice un trato con el otro, el del medio,
y acordamos meter el sol en la red
y luego en nuestro propio campo,

atacando con él nuestra portería
ganaríamos por k. o.;
caminando hacia el futuro
no como un ciervo en un bosque denso.
Le doy carne fresca a la Santísima Trinidad
y me devuelve los vales de comida y ropa.
Me alojo en su casa a pensión completa.
Las mantas son mías.
Jugando a copiar con tres hilos de tejer.
Solo Dios creó.
Pero el moribundo Jiří sigue planeando
su hermosa boda.
Y te volviste a enamorar de ti mismo.
Te besas en el espejo,
te das la mano en el tranvía y cuando te vas a dormir,
oh, duerme, te dices a ti mismo: Tú primero,
y haces espacio para encajaros a los dos en la cama.
Hoy te has levantado y has olvidado despertarte
con un beso lánguido y tibio.
A partir de hoy, vives en una nube de maniáticos
y mañana cuando te acuestes, oh duerme,
ya no dirás: tú primero, Vladimír Boudník, pintor,
sino que te acostarás en ti mismo, sobre ti mismo, den-
    tro de ti,
en las tablas de la cama, en tus mismos huesos,
cubierto del edredón hecho del miedo.
Eres un tonto según algunos, eres original según otros.

Según los otros soy un tonto, según los primeros soy
    original.
Una doctora con gafas del psiquiátrico de las Katerinas
    diría:
Usted, señor, es un psicópata, terminará aquí conmigo,
en una jaula.
Pero yo, como médico, te lo digo:
Eres la cúspide de la verdadera educación
y del hombre y el arte antes de nacer.
Un tipo duro embarazado.
Solo tienes que abrir la puerta y decir:
¡Vamos, Vladimír, tú primero!
Y cuando topes contigo mismo, pregunta:
Vladimír, ¿está Boudník en casa?
Y adula y halágate: ¡No, no, no, tú primero!
Que la doctora se regocije:
Sí, son las pseudoalucinaciones de Kandinsky,
los pies van muy por delante, las manos van muy por
    delante,
los ojos van muy por delante y también el cerebro,
solo el paciente sigue detrás, como un guardia.
El perro Alík corre sobre la libertad.
La estreptocintalina es lo mejor para las alucinaciones.
Por eso me he levantado y me he puesto en camino
hacia un futuro feliz.
Ya no estás solo.

Sois dos. Tú y tú. Sin el doble paso, sin la Santísima
    Trinidad;
genio es enamorarse de uno mismo,
un guante invertido de mí y Demi,
Endimión y Narciso.
Mátate cada día para que solo quede el reflejo de la
    sangre,
la imagen de la vida,
el barrio de Libeň y la acción.
Y el moribundo Jiří, en su mente,
planeaba una hermosa boda.


SÍNTESIS:

Y así, después de que nuestros viajeros hicieran el des-
    cubrimiento de América,
después de que nuestros ciclistas construyeran la pri-
    mera bicicleta,
después de que nuestros aeronautas despegaran con el
    primer avión de vapor,
después de la invención de la bombilla, la telegrafía sin
    hilos
y de que nuestros científicos inventaran la radio y la
    televisión
llega otra noticia feliz:
nuestro país ha tenido y tiene

los más locos, idiotas y artistas del mundo
para que nuestra ciencia arrase incluso en este campo,
la ciencia número uno del mundo.
Tanto tiempo ha pensado en el amor
que se convirtió en él.
Jiří ya es la idea del amor.


BARUCH SPINOZA:

Amor intelectualis est,
quod deus se ipsum amat.
(El amor intelectual es
cuando dios se ama a sí mismo).

# Índice

## Asesinatos rituales

# Títulos publicados